ENJOY 여행영어

지은이 넥서스콘텐츠개발팀
펴낸이 임상진
펴낸곳 (주)넥서스

초판 1쇄 발행 2016년 1월 30일
초판 23쇄 발행 2024년 8월 5일

출판신고 1992년 4월 3일 제311-2002-2호
주소 10880 경기도 파주시 지목로 5
전화 (02)330-5500 팩스 (02)330-5555

ISBN 979-11-5752-664-2 13740

출판사의 허락 없이 내용의 일부를
인용하거나 발췌하는 것을 금합니다.

가격은 뒤표지에 있습니다.
잘못 만들어진 책은 구입처에서 바꾸어 드립니다.

www.nexusbook.com

해외여행 처음 갈 때 이 책!

ENJOY
여행영어

넥서스콘텐츠개발팀 지음

넥서스

구성 및 특징

Before you go 이것만은 알고 가자

자주 쓰는 표현 BEST 30

여행 가서 자주 쓰는 표현 30개를 엄선했습니다. 이것만 알아도 여행지에서 웬만한 의사소통은 가능합니다. 중요한 표현들이니 이것만은 꼭 알아두세요.

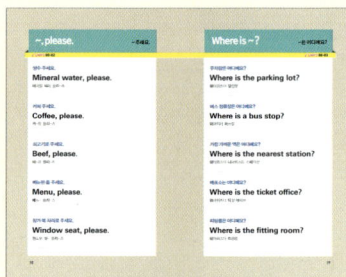

기초회화 Pattern 10

'~ 주세요', '~은 어디예요?'와 같이 여행지에서 자주 쓰는 회화 패턴을 정리했습니다. 패턴에 단어만 바꿔 넣으면 하고 싶은 말을 쉽게 표현할 수 있습니다.

여행 과정에서 발생하는 상황의 표현들을 11가지의 주제별로 나누어 정리했습니다.

1. 초간단 기본 표현
2. 기내에서
3. 공항에서
4. 호텔에서
5. 거리에서
6. 교통 이용하기
7. 식당·술집에서
8. 관광 즐기기
9. 쇼핑하기
10. 친구 만들기
11. 긴급 상황 발생

상대방이 하는 말을 알아들어야 내가 하고 싶은 말도 할 수 있겠죠? 상대방이 하는 말, 즉 여행지에서 듣게 되는 표현은 별도의 표시를 해두었습니다.

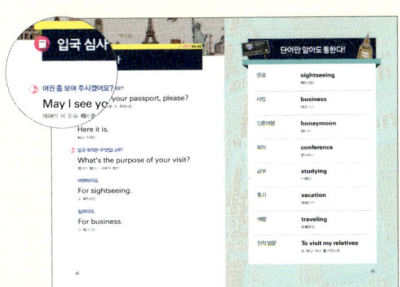

단어만 말해도 뜻이 통할 때가 있습니다. 상황별로 자주 쓰이는 단어들을 보기 좋게 정리했습니다.

여행에 도움이 되는 정보들을 정리했습니다.

★ 출입국신고서 작성하기
★ 일반적인 입국 절차
★ 여러 나라의 화폐 단위
★ 해외 숙박 예약 사이트
★ 여행 시 유용한 스마트폰 어플
★ 도로 표지판 익히기
★ 메뉴판 읽기
★ 유럽에서 꼭 가 봐야 할 박물관
★ 강력 추천 뮤지컬

인기 여행지 12곳을 소개합니다.

뉴욕, 런던, 파리, 로마, 뮌헨, 시드니, 바르셀로나, 이스탄불, 하와이, 홍콩, 방콕, 프라하

MP3 100% 활용법

발음 듣기용

우리말 해석과 영어 문장이 녹음되어 있습니다. 먼저 원어민 음성을 듣고 발음을 확인해 보세요.

✓ **check point!**

- ☐ 원어민 발음을 확인한다.
- ☐ '이런 말을 영어로는 이렇게 하는구나' 이해한다.
- ☐ 들릴 때까지 반복해서 듣는다.

회화 연습용

우리말 해석을 듣고 영어로 말해 보세요. 2초 후에 나오는 원어민 음성을 확인한 다음, 다시 따라 말하면서 공부한 표현을 암기하세요.

✓ **check point!**

- ☐ 제대로 외웠는지 확인한다.
- ☐ 원어민 발음에 가깝게 말하도록 반복 훈련한다.
- ☐ 우리말 해석을 듣고 바로 영어 표현이 생각나지 않는다면 다시 복습한다.

무료 MP3 다운받는 법

❶ '넥서스 홈페이지' 접속
www.nexusbook.com

❷ 다운로드 영역에서 '인증받기' 클릭

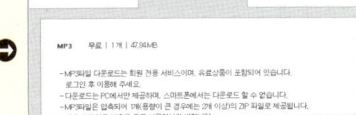

목차 ★enjoy★

이것만은 알고 가자

여행 가서
자주 쓰는 표현 BEST 30 — 13

하고 싶은 말 다 하는
기초회화 Pattern 10 — 20

그곳에 가고 싶다 · **뉴욕**

1. 초간단 기본 표현

인사하기 — 34
감사와 사과 — 36
긍정과 부정 — 38
도움 청하기 — 40
영어를 못해요 — 41
그곳에 가고 싶다 · **런던**

2. 기내에서

자리 찾기 — 46
승무원에게 필요한 것 말하기 — 47
입국신고서 작성하기 — 49
★ 출입국신고서 작성하기 — 50
기내식 먹기 — 51
기내에서 아플 때 — 54
그곳에 가고 싶다 · **파리**

3. 공항에서

★ 일반적인 입국 절차 — 60
비행기 갈아타기 — 61
입국 심사 — 62
수하물 찾기 — 66
세관 검사 — 67
환전하기 — 68
★ 여러 나라의 화폐 단위 — 69
그곳에 가고 싶다 · **로마**

4. 호텔에서

체크인 하기 — 74
★ 해외 숙박 예약 사이트 — 75
숙소를 예약하지 않았을 때 — 76
룸서비스, 편의 시설 이용하기 — 77
문제가 생겼어요 — 80
체크아웃 하기 — 83
그곳에 가고 싶다 · **뮌헨**

5. 거리에서

길 물어보기	88
★ 여행 시 유용한 스마트폰 어플	89
어디예요?	90
어떻게 가요?	91
길을 잃었어요	92

그곳에 가고 싶다 · **시드니**

6. 교통 이용하기

지하철 이용하기	98
버스 타기 전에	100
버스표 구입하기	102
버스 안에서	103
고속버스 이용하기	105
기차표 구입하기	106
기차 좌석 정하기	108
기차 안에서	109
문제가 생겼어요	110
택시 타기 전에	112
택시의 출발과 도착	113
택시 기사에게 요청하기	114
문제가 생겼어요	115
렌터카 요금 물어보기	116
빌릴 차 고르기	117
렌트하기	119
주유소에서	120
★ 도로 표지판 익히기	121

그곳에 가고 싶다 · **바르셀로나**

7. 식당·술집에서

식당 예약하기	126
식당에 도착했을 때	128
음식 주문하기	130
문제가 생겼어요	133
★ 메뉴판 읽기	134
계산하기	136
커피숍에서	138
패스트푸드점에서	140
술집에서	142

그곳에 가고 싶다 · **이스탄불**

8. 관광 즐기기

관광하기	148
사진 찍기	150
박물관, 미술관 관람하기	152
★ 유럽에서 꼭 가 봐야 할 박물관	154
영화, 공연 관람하기	155
★ 강력 추천! 뮤지컬	157
스포츠 관람하기	158

그곳에 가고 싶다 · **하와이**

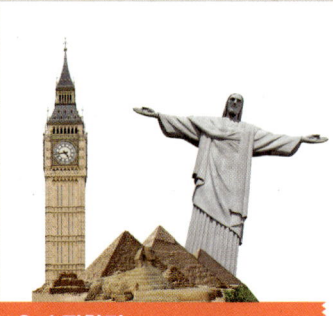

9. 쇼핑하기

물건 살펴보기	164
물건 사기	168
물건값 흥정하기	169
기념품 사기	171
상점 찾기	172
옷 사기	174
신발 사기	178
화장품 사기	180
슈퍼마켓에서	182
면세점에서	185
교환과 환불	186

그곳에 가고 싶다 · **홍콩**

10. 친구 만들기

말문 떼기	192
칭찬하기	193
자기소개하기	195
이메일, SNS 주고받기	196

그곳에 가고 싶다 · **방콕**

11. 긴급 상황 발생

도움 청하기	202
도난당하거나 분실했을 때	205
여권을 잃어버렸어요	206
여행자 수표를 잃어버렸어요	207
신용카드, 항공권을 잃어버렸어요	208
교통사고가 났을 때	209
아플 때	211
병원에서 진찰받기	212

그곳에 가고 싶다 · **프라하**

스피드 인덱스	218

여행 가서
자주 쓰는 표현
BEST 30

감사합니다.
Thank you.
땡큐—

미안해요.
I'm sorry.
아임 쎄뤼

저기요.
Excuse me.
익쓰큐—즈 미

아니요, 고마워요.
No, thanks.
노— 땡쓰

네, 부탁해요.
Yes, please.
옛쓰 플리—즈

무슨 뜻인지 잘 모르겠어요.
I don't understand.
아이 돈 언덜스땐

영어를 잘 못해요.
I can't speak English well.
아이 캔 스삑 잉글릿쉬 웰

뭐라고요?
Pardon?
팔든

좀 더 천천히 말씀해 주세요.
Please speak more slowly.
플리-즈 스삑 모어 슬로울리

얼마예요?
How much is it?
하우 **뭐취** 이즈잇

그냥 둘러보는 중이에요.
I'm just looking around.
아임 줘스트 룩킹 어롸운드

할인해 주세요.
Could you discount for me?
크쥬 디쓰카운 폴미

입어 봐도 돼요?
Can I try this on?
캐나이 츄롸이 디쓰안

이거 주세요.
This one, please.
디쓰원 플리―즈

환불해 주세요.
Can I get a refund?
캐나이 게러 뤼펀드

포장해 주시겠어요?
Could you wrap it, please?
크쥬 뤠핏 플리-즈

거기에 어떻게 가요?
How can I get there?
하우 캐나이 겟 데어

얼마나 걸려요?
How long does it take?
하우렁- 더짓 테익

여기에서 멀어요?
Is it far from here?
이즈잇 파- 프럼히어

가장 가까운 지하철역이 어디예요?
Where is the nearest subway station?
웨어뤼즈더 니어뤼스트 써브웨이 스떼이션

어디에서 갈아타야 해요?
Where should I transfer?
웨어 슈라이 츄뤤스퍼

택시를 불러 주세요.
Please call me a taxi.
플리-즈 컬-미 어택씨

힐튼 호텔로 가 주세요.
To Hilton Hotel, please.
투 힐튼 호텔 플리-즈

지금 여기가 어디예요?
Where am I now?
웨어뤠마이 나우

예약했는데요.
I made a reservation.
아이 메이더 뤠절베이션

사진을 찍어 주시겠어요?

Could you take a picture for me?

크쥬 테익커 픽춰 폴미

화장실이 어디예요?

Where is the restroom?

웨어뤼즈더 뤠스트룸

이걸로 주세요.

I'll have this.

아일 해브 디쓰

물 한 잔 주세요.

A glass of water, please.

어글래썹 워러 플리–즈

계산서 주세요.

Check, please.

쳌 플리–즈

하고 싶은 말
다 하는 기초회화
Pattern 10

~, please.

~ 주세요.

🎧 MP3 00-02

생수 주세요.
Mineral water, please.
미네럴 워러 플리-즈

커피 주세요.
Coffee, please.
커-퓌 플리-즈

쇠고기로 주세요.
Beef, please.
비-프 플리-즈

메뉴판 좀 주세요.
Menu, please.
메뉴- 플리-즈

창가 쪽 자리로 주세요.
Window seat, please.
윈도우 씻- 플리-즈

Where is ~?

~은 어디예요?

🎧 MP3 00-03

주차장은 어디예요?
Where is the parking lot?
웨어뤼즈더 팔킹랏

버스 정류장은 어디예요?
Where is a bus stop?
웨어뤼저 버쓰땁

가장 가까운 역은 어디예요?
Where is the nearest station?
웨어뤼즈더 니어뤼스트 스떼이션

매표소는 어디예요?
Where is the ticket office?
웨어뤼즈더 틱깃 아피쓰

피팅룸은 어디예요?
Where is the fitting room?
웨어뤼즈더 피륑룸

I'm looking for ~ ~을 찾고 있는데요

🎧 MP3 00-04

제 자리를 찾고 있는데요.
I'm looking for my seat.
아임 룩킹 폴마이 씻-

하이드 파크를 찾고 있는데요.
I'm looking for Hyde Park.
아임 룩킹포 하이드팔크

기념품을 찾고 있는데요.
I'm looking for souvenirs.
아임 룩킹포 쑤브니얼즈

배터리를 찾고 있는데요.
I'm looking for batteries.
아임 룩킹포 배러리즈

치마를 찾고 있는데요.
I'm looking for a skirt.
아임 룩킹포러 스껄트

I need ~

~이 필요해요

담요가 필요해요.

I need a blanket.

아이니더 블랭킷

수건이 좀 필요해요.

I need some towels.

아이닛썸 타우얼즈

침대가 하나 더 필요해요.

I need an extra bed.

아이니던 엑쓰츄라 벳

룸서비스 부탁해요.

I need room service.

아이닛 룸―썰비쓰

모닝콜 부탁합니다.

I need a wake-up call.

아이니더 웨이컵 컬―

I want to ~

~하고 싶어요

🎧 MP3 00-06

이것 좀 보고 싶어요.

I want to see this.
아이원트 씨 디쓰

거기 가고 싶어요.

I want to go there.
아이원트 고- 데어

메뉴를 보고 싶어요.

I want to see the menu.
아이원트 씨더 메뉴

예약하고 싶어요.

I want to make a reservation.
아이원트 메이커 뤠절베이션

환불하고 싶어요.

I want to get a refund.
아이원트 게러 뤼펀드

Do you have ~?

~ 있어요?

🎧 MP3 00-07

회원증을 가지고 있어요?
Do you have a membership card?
드유해버 멤벌쉽 칼-드

두 사람인데 자리 있어요?
Do you have a table for two?
드유해버 테이블 폴투-

오늘 투어가 있어요?
Do you have a tour today?
드유해버 투어 투데이

똑같은 걸로 검은색 있어요?
Do you have the same in black?
드유해브더 쎄임 인 블랙

다른 스타일은 없어요?
Do you have any other style?
드유햅 애니 아더 스따일

Can I ~?

~해도 돼요?

🎧 MP3 00-08

입어 봐도 돼요?

Can I try it on?

캐나이 츄라잇 안

여기에서 사진 찍어도 돼요?

Can I take a picture here?

캐나이 테이커 픽춰 히어

주문을 취소할 수 있나요?

Can I cancel my order?

캐나이 캔썰 마이오-더

무료 시내 지도를 구할 수 있나요?

Can I have a free city map?

캐나이 해버 프뤼 씨리 맵

환불할 수 있나요?

Can I get a refund?

캐나이 게러 뤼펀드

Could you ~?

~해 주시겠어요?

🎧 MP3 00-09

천천히 말씀해 주시겠어요?

Could you speak slowly?

크쥬 스삑 슬로울리

다시 한번 말씀해 주시겠어요?

Could you say that again?

크쥬 쎄이댓 어겐

길 좀 물어봐도 돼요?

Could you show me the way?

크쥬 쇼-미 더웨이

사진 좀 찍어 주시겠어요?

Could you take a picture?

크쥬 테이커 픽춰

택시 좀 불러 주시겠어요?

Could you call me a taxi?

크쥬 컬-미어 택씨

Where can I ~? 어디에서 ~할 수 있어요?

🎧 MP3 00-10

어디에서 그것을 찾을 수 있어요?

Where can I find it?
웨어캐나이 파인딧

어디에서 그것을 살 수 있어요?

Where can I buy it?
웨어캐나이 바이잇

어디에서 차를 렌트할 수 있어요?

Where can I rent a car?
웨어캐나이 뤤터카

어디에서 시간표를 구할 수 있어요?

Where can I get the timetable?
웨어캐나이 겟더 타임테이벌

어디에서 짐을 찾을 수 있어요?

Where can I get my luggage?
웨어캐나이 겟 마이 러기쥐

How can I ~? 어떻게 ~해요?

🎧 MP3 00-11

거기 어떻게 가요?
How can I get there?
하우캐나이 겟 데어

차이나타운은 어떻게 가나요?
How can I get to Chinatown?
하우캐나이 겟트 촤이나타운

역에는 어떻게 가요?
How can I go to the station?
하우캐나이 고-트더 스떼이션

당신을 어떻게 찾아요?
How can I find you?
하우캐나이 파인듀

그것을 어떻게 사용해요?
How can I use it?
하우캐나이 유-짓

링컨 센터

브로드웨이

엠파이어 스테이트 빌딩

자연사 박물관

★ 그 곳 에 가 고 싶 다 ★

New York 뉴욕

쇼핑의 천국, 5번가

센트럴 파크

자유의 여신상

타임스 스퀘어

뉴욕 현대 미술관

발음 듣기용

회화 연습용

1 ★enjoy★
초간단 기본 표현

가장 많이 쓰는 표현 Best 3

❶
아니요, 고마워요.
No, thank you.

❷
무슨 뜻인지 잘 모르겠어요.
I don't understand.

❸
다시 말씀해 주세요.
Please say it again.

인사하기

안녕.
Hi! / Hello!
하이 / 헬로우

안녕하세요. (아침)
Good morning.
굿 모-닝

안녕하세요. (점심)
Good afternoon.
굿 애프터눈-

안녕하세요. (저녁)
Good evening
굿 이브닝

좋은 밤 되세요.
Good night.
굿 나잇

잘 가.

Good bye.
굿 바이

또 만나요.

See you again.
씨유 어겐

좋은 하루 되세요.

Have a nice day.
해버 나이쓰 데이

행운을 빌어요.

Good luck!
굿 럭

처음 뵙겠습니다.

Nice to meet you.
나이쓰트 밋-츄

기본표현

감사와 사과

감사합니다.

Thank you.

땡큐―

천만에요.

You're welcome.

유워 웰컴

별 말씀을요.

My pleasure.

마이 플레줘

미안해요.

I'm sorry.

아임 쎄뤼

사과합니다.

My apologies.

마이 어팔러지스

어쩔 수 없었어요.

I couldn't help it.
아이 크든 헬핏

괜찮아요.

That's okay.
댓쯔 오-케이

그것에 대해서는 걱정하지 마세요.

Don't worry about it.
돈 워뤼 아바으릿

신경 쓰지 마세요.

Never mind.
네버 마인드

제가 실수를 했어요.

I've made a mistake.
아입 메이더 미쓰테익

MP3 01-03

긍정과 부정

좋습니다.

All right.

얼 롸잇

물론이죠.

Of course.

어브 콜-쓰

저도 그렇게 생각해요.

I think so, too.

아이 띵 쏘- 투-

맞아요.

That's right.

댓쯔 롸잇

좋은 생각이에요.

That's a good idea.

댓쩌 굿 아이디어

정말 그래요.

You can say that again.

유큰 쎄이 댓 어겐

아니요, 고마워요.

No, thank you.

노- 땡큐-

그렇게 생각 안 해요.

I don't think so.

아이돈 띵 쏘-

당신이 틀린 것 같아요.

I think you are wrong.

아이 띵크 유아 륑

모르겠어요.

I don't know.

아이돈 노-

도움 청하기

좀 도와주시겠어요?

Could you help me?

크쥬 헬프 미

부탁 좀 해도 될까요?

May I ask you a favor?

메아이 에스큐어 페이버

확인 좀 해 주세요.

Please make sure.

플리-즈 메익 슈워

말씀 중에 정말 죄송합니다.

I'm sorry to interrupt.

아임 쎠뤼 트 인터뤕트

제 가방 좀 봐 주시겠어요?

Could you keep an eye on my bag?

크쥬 키펀 아이안 마이백-

영어를 못해요

무슨 뜻인지 잘 모르겠어요.

I don't understand.

아이돈 언덜스땐

영어를 조금밖에 못해요.

I speak just a little bit of English.

아이 스삑 줘스터 리럴비럽 잉글릿쉬

좀 더 천천히 말씀해 주세요.

Please speak more slowly.

플리-즈 스삑 모어 슬로울리

다시 말씀해 주세요.

Please say it again.

플리-즈 쎄잇 어겐

좀 써 주세요.

Please write it down.

플리-즈 롸이릿 다운

내셔널 갤러리

버킹엄 궁전

타워 브리지

코벤트 가든

대영 박물관

★ 그 곳 에 가 고 싶 다 ★

London 런던

빅 벤

웨스트 엔드

테이트 모던

트라팔가 스퀘어

하이드 파크

피카딜리 서커스

기내에서

2 ★enjoy★

가장 많이 쓰는 표현 Best 3

❶
저기요.
Excuse me!

❷
담요 부탁합니다.
Can I have a blanket?

❸
물 한 컵 주세요.
A glass of water, please.

자리 찾기

제 자리를 찾고 있는데요.

I'm looking for my seat.

아임 **룩킹** 폴마이 **씻–**

탑승권을 좀 볼 수 있을까요?

May I see your boarding pass, please?

메아이 씨 유워 **볼**–딩패쓰 플리–즈

제 자리에 앉으신 것 같은데요.

I think you're in my seat.

아이 띵크 유아 인 마이 **씻–**

이쪽으로 오세요.

Please come this way.

플리–즈 컴 **디쓰웨이**

지나가도 될까요?

Can I go through?

캐나이 고– 쓰루–

승무원에게 필요한 것 말하기

저기요. (승무원을 부를 때)

Excuse me!
익쓰**큐**―즈 미

담요 부탁합니다.

Can I have a blanket?
캐나이 해버 블랭킷

베개 부탁합니다.

Can I have a pillow?
캐나이 해버 필로우

수면용 안대가 있나요?

Do you have some eye masks for sleeping?
드유햅 썸 아이매스크스포 슬리**삥**

종이와 펜을 좀 얻을 수 있나요?

Can I get a pen and paper?
캐나이 게러 **펜** 앤 페이**퍼**

단어만 알아도 통한다!

	신문	**newspaper** 뉴-쓰페이퍼
	잡지	**magazine** 매거진-
	이어폰	**earphone** 이얼펀
	구명 재킷	**life jacket** 라이프 줴킷
	슬리퍼	**slippers** 슬리펄즈
	화장지	**tissue** 팃슈
	안대	**eye mask** 아이 매스크
	목베개	**neck pillow** 넥 필로우

입국신고서 작성하기

이 신고서를 어떻게 작성하나요?

How do I fill out this form?
하우 드 아이 필 아웃 디쓰 폼

여기에 무엇을 써야 하나요?

What should I write here?
왓 슈라이 롸잇 히어

제 입국 카드 좀 봐 주시겠어요?

Would you check my entry card?
우쥬 첵 마이 엔츄리 칼—드

한 장 더 주시겠어요?

Could I have another one?
쿠라이 햅 어나더 원

출입국신고서 작성하기

국가별로 출입국신고서 양식이 다릅니다.

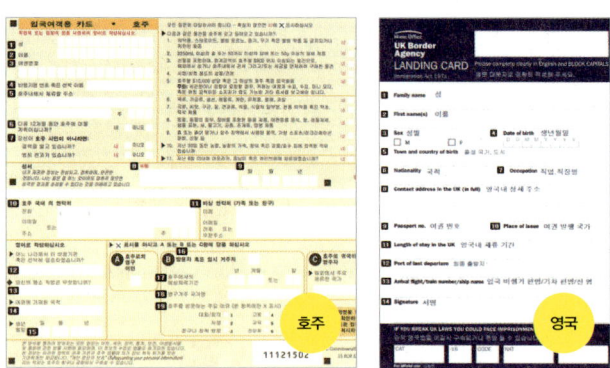
호주 / 영국

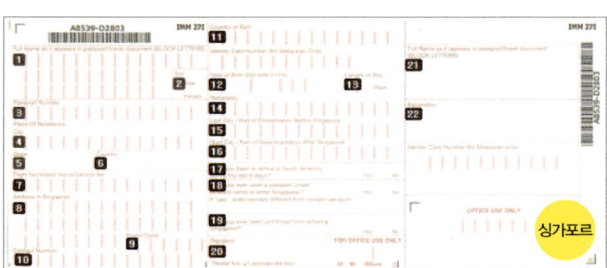
싱가포르

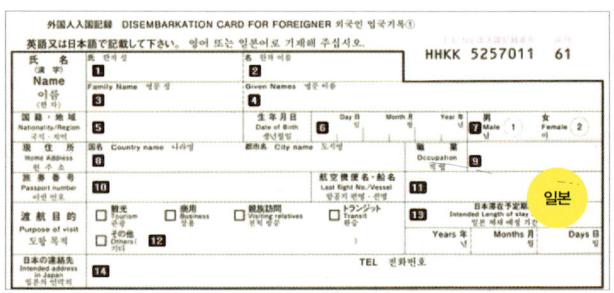
일본

기내식 먹기

밥 먹을 때 깨워 주세요.

Wake me up for meals, please.
웨익미압 폴미을즈 플리-즈

식사는 필요 없어요.

No thanks for the meal service.
노- 땡쓰 폴더 미을 썰비스

쇠고기와 생선 중 어느 것을 하시겠습니까?

Which would you like beef or fish?
윗취 우쥬라익 비-프 오어 피쉬

쇠고기 주세요.

Beef, please.
비-프 플리-즈

앞 테이블을 내려 주시겠어요?

Would you put down your tray table?
우쥬 풋다운 유워 츄뤠이 테이벌

🎙 커피 드릴까요, 차 드릴까요?
Would you like coffee or tea?
유쥬라잌 커-퓌 오어 티-

마실 것은 뭐가 있나요?
What do you have to drink?
왓드유 햅트 듀륑크

물도 한 컵 주세요.
A glass of water too, please.
어 글래썹 워러 투- 플리-즈

한 잔 더 주시겠어요?
Could I have another glass?
쿠라이 햅 어나더 글래쓰

🎙 식사 다 하셨습니까?
Are you through with your meal?
알유 쓰루- 윗유워 미을

단어만 알아도 통한다!

 오렌지주스 **orange juice**
어린쥬—쓰

 맥주 **beer**
비어

 우유 **milk**
미을크

 콜라 **coke**
코—크

 녹차 **green tea**
그린티—

 커피 **coffee**
커—퓌

 와인 **wine**
와인

 물 **water**
워러

기내에서 아플 때

몸이 안 좋은데요.

I feel sick.

아이 피일 씩

배가 아파요.

I have a stomachache.

아이해버 스따머케익

두통약 있어요?

Do you have any medicine for headache?

드유햅 애니 메드쓴포 헤데익

멀미약 좀 주세요.

Please give me something for airsickness.

플리-즈 깁미 썸띵포 에어씩니쓰

구토 봉투 있나요?

Can I have an airsickness bag?

캐나이 해번 에어씩니쓰 백-

단어만 알아도 통한다!

두통	**headache**	헤데익
복통	**stomachache**	스따머케익
구토	**vomit**	바밋
비행기 멀미	**airsickness**	에어씩니쓰
아픈	**sick**	씩
추운	**cold**	콜-드
생리통	**period pain**	피뤼어드 페인
호흡 곤란	**difficulty in breathing**	디퓌컬티 인 브리-딩

노트르담 대성당

루브르 박물관

샹젤리제 거리

센 강

★ 그 곳 에 가 고 싶 다 ★

Paris 파리

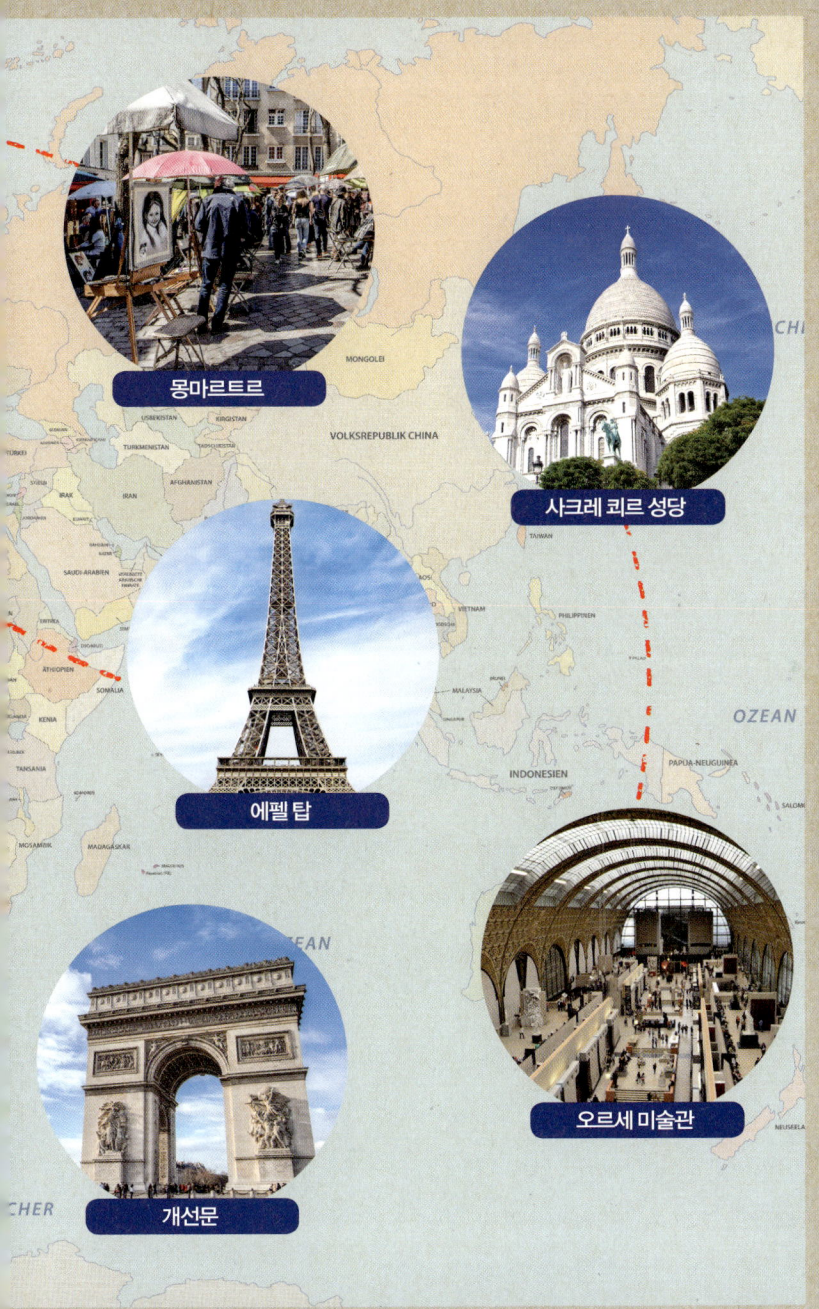

공항에서

가장 많이 쓰는 표현 Best 3

❶
여행하러요.
For sightseeing.

❷
아니요, 없습니다.
No, nothing.

❸
제 짐을 찾을 수가 없어요.
I can't find my luggage.

일반적인 입국 절차

항공기 도착
Arrival

검역
Security Check

입국 심사
Immigration

세관 검사
Customs

수하물 수취
Baggage Claim

비행기 갈아타기

공항에서 얼마나 머물게 되나요?

How long is the layover?

하우렁- 이즈더 레이오-버

면세점에서 쇼핑을 할 수 있나요?

Can I do some shopping in duty-free shops?

캐나이 두썸 샤-핑 인 듀리프뤼 샵쓰

비행기는 어디에서 갈아타죠?

Where do I go to change planes?

웨어 드아이 고-트 췌인쥐 플레인즈

탑승 수속은 어디에서 합니까?

Where do I check in?

웨어 드아이 췌킨

맡긴 짐은 어떻게 하면 됩니까?

What should I do with my checked luggage?

왓 슈라이 두 윗마이 췍트 러기쥐

입국 심사

여권 좀 보여 주시겠어요?
May I see your passport, please?
메아이 씨 유워 패쓰폴―트 플리―즈

여기요.
Here it is.
히어 이리즈

입국 목적은 무엇입니까?
What's the purpose of your visit?
왓쯔더 펄퍼쓰 어뷰워 비짓

여행하러요.
For sightseeing.
포 싸잇씨잉

일하러요.
For business.
포 비즈니스

단어만 알아도 통한다!

관광	**sightseeing** 싸잇씨잉
사업	**business** 비즈니스
신혼여행	**honeymoon** 허니문―
회의	**conference** 컨퍼런스
공부	**studying** 스떠딩
휴가	**vacation** 붸케이션
여행	**traveling** 츄뤠블링
친척 방문	**To visit my relatives** 트 비짓 마이 뤨러티브즈

🔊 미국에는 처음 오시는 겁니까?
Is this your first visit to America?
이즈디쓰 유워 풜스트 비짓트 어메뤼카

네, 처음이에요.
Yes, it's my first time.
옛쓰 잇쯔 마이 풜스트 타임

아니요, 두 번째예요.
No, it's my second time.
노- 잇쯔 마이 쎄컨 타임

🔊 얼마나 머무실 예정인가요?
How long are you staying?
하우렁- 알유 스떼잉

약 5일간이요.
For about 5 days.
포러바웃 파이브 데이즈

어디에서 묵으실 겁니까?
Where will you be staying?
웨어 윌유 비 스떼잉

그랜드 호텔에서요.
At the Grand Hotel.
앳더 그뤤드호텔

친구 집에서요.
At my friend's house.
앳 마이 프뤤즈 하웃쓰

돌아갈 항공권은 갖고 계십니까?
Do you have a return ticket?
드유해버 뤼턴 틱낏

네, 있어요.
Yes, I have.
옛쓰 아이햅

수하물 찾기

어디에서 짐을 찾으면 되나요?

Where can I get my luggage?

웨어캐나이 겟 마이 러기쥐

무슨 항공편으로 오셨나요?

Which flight were you on?

윗취 플라잇 월유 안

좀 도와주세요.

Please, help me.

플리-즈 헬프미

제 짐을 찾을 수가 없어요.

I can't find my luggage.

아이캔 파인 마이 러기쥐

제 가방 중에 하나가 나오지 않았어요.

One of my bags hasn't come out.

워너브 마이 백-쓰 헤즌 커마웃

세관 검사

특별히 신고할 물건은 없습니까?

Do you have anything to declare?

드유햅 애니띵트 디클레어

아니요, 없습니다.

No, nothing.

노- 낫띵

가방 안에는 뭐가 있죠?

What's in this bag?

왓쯔인 디쓰백-

개인적인 용품들이에요.

They are for my personal use.

데이아 폴마이 펄쓰널 유-즈

가방을 열어 주시겠어요?

Will you please open this bag?

윌유 플리-즈 오-펀 디쓰백-

환전하기

이 근처에 환전소가 있나요?
Is there a currency exchange office around here?

이즈데어뤄 커뤈씨 익쓰췌인쥐 아피쓰 어라운 히어

이것을 미국 달러로 환전할 수 있을까요?
Could you exchange this into U.S. dollars?

크쥬 익쓰췌인쥐 디쓰 인투 유에스 달러즈

돈은 어떻게 드릴까요?
How would you like the money?

하우 우쥬라익더 머니

20달러짜리랑 10달러짜리로 주세요.
In 20's and 10's please.

인 트웨니즈 앤 텐즈 플리-즈

이 지폐를 동전으로 바꿔 주세요.
Could you change this bill into coins?

크쥬 췌인쥐 디쓰비을 인투 코인즈

여러 나라의 화폐 단위

미국

- 지폐
1 dollar, 2 dollars, 5 dollars, 10 dollars, 20 dollars, 50 dollars, 100 dollars
- 동전
1 cent, 5 cents, 10 cents (=1 dime), 50 cents (= half dollar)

유럽

- 지폐
5 euros, 10 euros, 20 euros, 50 euros, 100 euros, 200 euros, 500 euros
- 동전
1 euro cent, 2 euro cents, 5 euro cents, 10 euro cents, 20 euro cents, 50 euro cents

유로화를 쓰지 않는 유럽 국가 :
영국(파운드), 스위스(프랑), 스웨덴(크로나), 덴마크(크로나), 체코(코룬), 크로아티아(쿠나) 등

영국

- 지폐
5 pounds, 10 pounds, 20 pounds, 50 pounds, 100 pounds
- 동전
1 penny, 2 pence, 5 pence, 10 pence, 50 pence, 1 pound, 2 pounds

포로 로마노

판테온

천사의 성

★ 그곳에 가고 싶다 ★

Rome 로마

트레비 분수

콜로세움

산 피에트로 대성당

바티칸 박물관

스페인 광장

체크인 하기

체크인 해 주세요.

I'd like to check in, please.

아이드라이트 췌킨 플리-즈

예약하셨나요?

Did you make a reservation?

디쥬 메이커 뤠절베이션

네, 제 이름은 최수지입니다.

Yes, my name is Choi Suji.

옛쓰 마이 네임 이즈 최수지

이 서류를 작성해 주세요.

Please fill out this form.

플리-즈 필라웃 디쓰폼

이렇게 하면 되나요?

Is this alright?

이즈디쓰 얼롸잇

해외 숙박 예약 사이트

전 세계 호텔부터 게스트하우스까지 예약할 수 있다.

- 호텔스닷컴   www.hotels.com
- 부킹닷컴   www.booking.com
- 아고다   www.agoda.com
- 익스피디아   www.expedia.co.kr

숙박 시설들의 가격을 비교해 볼 수 있다.

- 호텔스컴바인드 www.hotelscombined.com
- 트립어드바이저 www.tripadvisor.co.kr

전 세계 호스텔을 예약할 수 있다.

- 호스텔월드   www.hostelworld.com
- 호스텔부커스 www.hostelbookers.com

현지인의 집을 렌트할 수 있다.

- 에어비앤비   www.airbnb.co.kr

현지인의 집에 무료로 숙박할 수 있다.

- 카우치서핑   www.couchsurfing.com

H 숙소를 예약하지 않았을 때

빈방 있나요?

Do you have any vacancies?
드유해브 애니 베이컨시즈

더블룸으로 드릴까요, 싱글룸으로 드릴까요?

Would you like a double or a single room?
우쥬라익커 더블 오어 씽걸 룸

싱글룸으로 주세요.

A single room, please.
어 씽걸룸 플리-즈

하루에 얼마예요?

How much is it a night?
하우뭐취 이즈잇 어나잇

더 싼 방은 없나요?

Is there anything cheaper?
이즈데어 애니띵 취-퍼

룸서비스, 편의 시설 이용하기

룸서비스 부탁합니다.

Room service, please.

룸 썰비스 플리-즈

비누와 샴푸를 더 가져다주세요.

Please bring me more soap and shampoo.

플리-즈 브링미 모어 쏘웁 앤 섐푸-

얼음과 물을 좀 가져다주세요.

Please bring me some ice and water.

플리-즈 브링미썸 아이쓰 앤 워-러

7시 모닝콜 부탁합니다.

Give me a wake-up call at 7, please.

깁미어 웨이컵 컬- 앳 쎄븐 플리-즈

택시를 불러 주시겠어요?

Would you call a taxi for me?

우쥬 커러 택씨 폴미

세탁 서비스 됩니까?

Do you have laundry service?
드유햅 런쥬뤼 썰비쓰

언제까지 될까요?

When will it be ready?
웬 위릿비 뤠디

방해하지 말아 주세요.

Please do not disturb!
플리-즈 두낫 디스털브

인터넷을 사용할 수 있나요?

Can I use the Internet?
캐나이 유-즈디 인털넷

와이파이 비밀번호가 뭐예요?

What's the password for wi-fi?
왓쯔더 패쓰워드 폴와이파이

단어만 알아도 통한다!

	수건	**towel** 타우얼
	담요	**blanket** 블랭킷
	휴지	**toilet paper** 토일릿 페이퍼
	면도기	**shaver** 쉐이버
	베개	**pillow** 필로우
	헤어드라이어	**hairdryer** 헤어듀롸이어
	칫솔	**toothbrush** 투쓰브뤄쉬
	키 카드	**key card** 키 칼-드

H 문제가 생겼어요

열쇠를 안에 두고 나왔어요.

I locked myself out.
아이 락트 마이쎌파웃

방 열쇠를 잃어버렸어요.

I've lost the room key.
아이브 러슽더 룸키

방문을 열어 주세요.

Open my door, please.
오-펀 마이 도어 플리-즈

202호입니다.

It's room 202.
잇쯔 룸 투- 오- 투-

이 방은 너무 시끄러워요.

This room is too noisy.
디쓰룸 이즈 투- 노이지

시트가 더러워요.

The sheets are dirty.

더 쉬잇짜 더리

방이 너무 추워요.

The room is too cold.

더 룸 이즈 투- 콜-드

에어컨이 작동하지 않아요.

The air-conditioner isn't working.

디 에어 컨디셔너 이즌 월킹

뜨거운 물이 나오지 않아요.

There is no hot water.

데어뤼즈 노- 핫 워러

화장실 물이 잘 안 내려가네요.

The toilet won't flush.

더 토일릿 온트 플러쉬

H 호텔에서

단어만 알아도 통한다!

욕실	**bathroom** 배쓰룸
변기	**toilet** 토일릿
욕조	**bathtub** 배쓰터브
샤워기	**shower** 샤우어
냉장고	**refrigerator** 리프뤼저레이터
수영장	**pool** 푸-울
스파	**spa** 스빠
피트니스 센터	**fitness center** 삣니쓰 쎈터

체크아웃 하기

체크아웃 시간은 몇 시인가요?

When is the check-out time?

웨니즈더 췌카웃 타임

체크아웃 부탁합니다.

Check out, please.

췌카웃 플리-즈

계산서가 잘못된 것 같아요.

I think there is a mistake on my bill.

아이 띵크 데어뤼저 미쓰떼익 안마이 비을

하루 더 있고 싶은데요.

I'd like to stay one more night.

아이드라익트 스떼이 원모어 나잇

하루 일찍 체크아웃하고 싶어요.

I'd like to leave one day earlier.

아이드라익트 리-브 원데이 얼리어

알테 피나코텍

호프브로이 하우스

님펜부르크 성

★ 그 곳 에 가 고 싶 다 ★

Munich 뮌헨

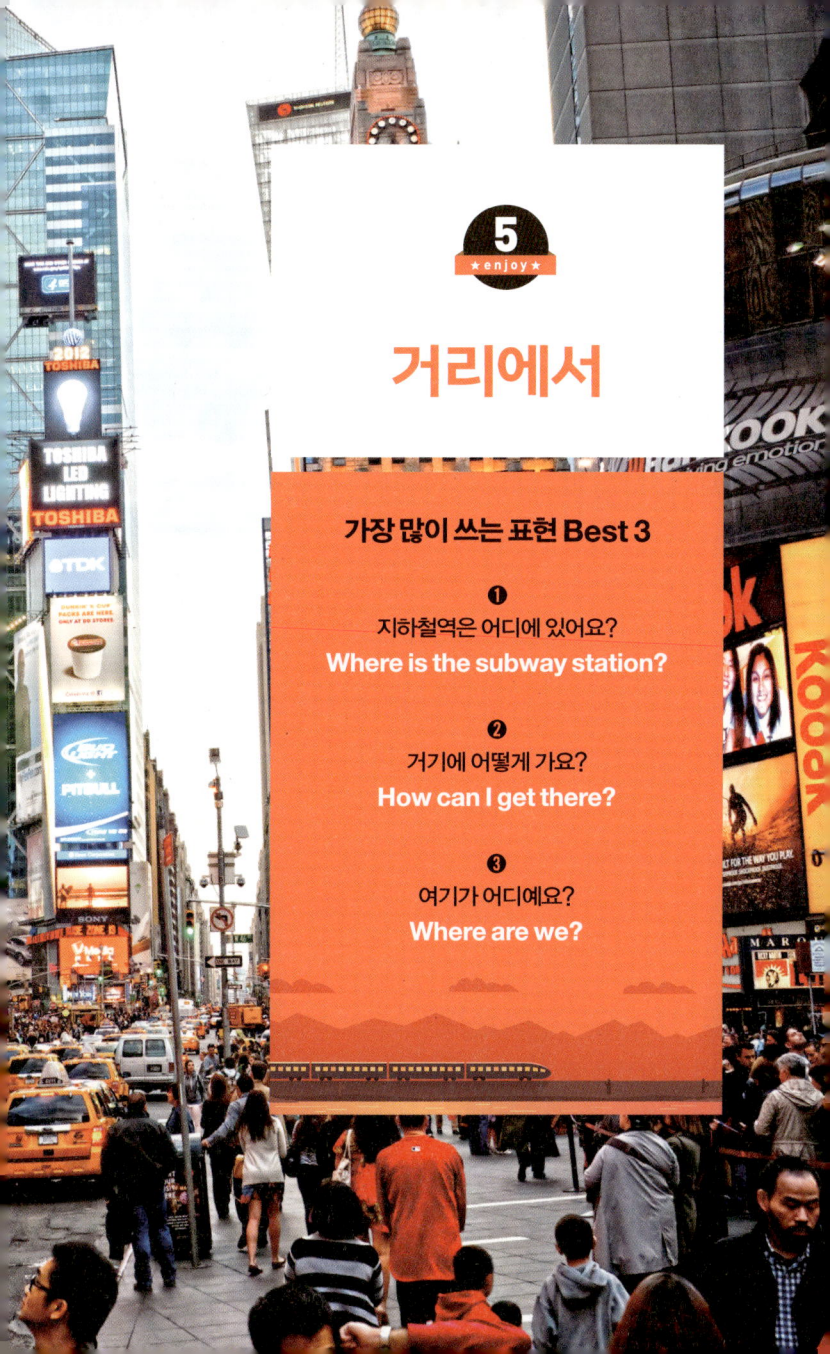

길 물어보기

길 좀 알려 주시겠어요?

Could you show me the way?

크쥬 쇼-미 더웨이

센트럴 파크를 찾고 있어요.

I'm looking for Central Park.

아임 룩킹포 센트뤌팔크

디즈니랜드에 가는 길을 가르쳐 주시겠어요?

Could you tell me the way to Disneyland?

크쥬 텔미 더웨이 트디즈니랜드

이 길의 이름은 무엇인가요?

What's the name of this street?

왓쯔더 네이머브 디쓰뜨륏

근처에 드러그스토어가 있나요?

Is there a drugstore nearby?

이즈데어뤄 듀러그스또어 니어바이

여행 시 유용한 스마트폰 어플

City Maps 2Go / MAPS.ME

와이파이가 연결되어 있지 않은 상태에서도 사용 가능하다. 휴대폰 데이터 로밍을 하지 않았다면 강추!

Google Maps

해외여행 필수 어플 중 하나이다.

네이버 글로벌회화

9개 언어의 자주 쓰이는 여행 회화 표현들이 정리되어 있으며, 음성도 들을 수 있다.

Just touch it

해외에서 긴급 상황 발생 시 의사 표현을 할 수 있게 도와준다.

트립어드바이저

호텔, 항공권 예약뿐만 아니라 관광 명소와 맛집 정보도 얻을 수 있다.

유레일 필수 어플 Rail Planner

유레일 시간표를 볼 수 있으며, 와이파이 없이 이용 가능하다.

어디예요?

내셔널 갤러리는 어디에 있어요?

Where is the National Gallery?
웨어뤼즈더 네셔널 갤러뤼

버스 정류장은 어디예요?

Where is a bus stop?
웨어뤼저 버쓰땁

가장 가까운 지하철역은 어디에 있어요?

Where is the nearest subway station?
웨어뤼즈더 니어뤼스트 써브웨이 스떼이션

출구는 어디예요?

Where is the exit?
웨어뤼즈디 엑씻

주차장이 어디예요?

Where can I park?
웨어캐나이 팔크

어떻게 가요?

거기 어떻게 가요?

How can I get there?

하우캐나이 겟 데어

타임스 스퀘어는 어떻게 가나요?

How can I get to Times Square?

하우캐나이 겟트 타임쓰퀘어

여기에서 멀어요?

Is it far from here?

이즈잇 파- 프럼히어

얼마나 멀어요?

How far away is it?

하우파러웨이 이즈잇

여기에서 걸어서 갈 수 있나요?

Can I walk there from here?

캐나이 웍데어 프럼히어

거리에서

길을 잃었어요

도와주시겠어요? 길을 잃었어요.

Can you help me? I'm lost.

캔유 헬프미 아임 러스트

여기가 어디예요?

Where are we?

웨어알위

이 지도에서 우리의 위치는 어디인가요?

Where are we on this map?

웨어알위 안 디쓰맵

우리가 어느 정류장에 있는 거예요?

What stop are we at?

왓스땁 알위 앳

힐튼 호텔로 가는 길을 못 찾겠어요.

I can't find my way to the Hilton Hotel.

아이캔 파인 마이웨이 트더 힐튼 호텔

단어만 알아도 통한다!

	박물관	**museum** 뮤지-엄
	미술관	**gallery** 갤러뤼
	도서관	**library** 라이브뤠뤼
	극장	**theater** 씨어터
	경기장	**stadium** 스떼이디엄
	국립공원	**national park** 네셔널 팔크
	백화점	**department store** 디팔먼트 스또어
	고궁	**old palace** 오울드 팰러쓰

오페라 하우스

하버 브리지

본 다이 비치

★ 그곳에 가고 싶다 ★

Sydney 시드니

세인트 메리스 대성당

블루 마운틴

록스 스퀘어

달링 하버

마틴 플레이스

교통 이용하기

가장 많이 쓰는 표현 Best 3

❶
이게 메인 가로 가나요?
Is this for Main Street?

❷
어디에서 갈아타야 하나요?
Where should I transfer?

❸
얼마나 걸리나요?
How long does it take?

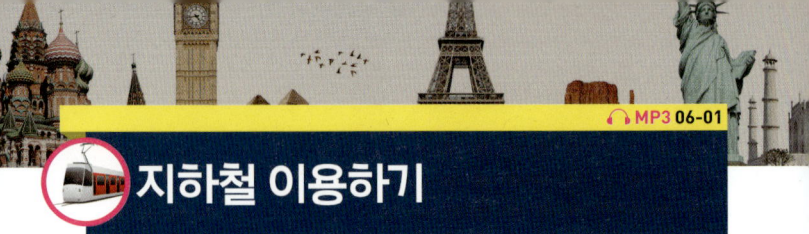

지하철 이용하기

지하철 개찰구가 어디에 있어요?

Where is the subway gate?

웨어뤼즈더 썹웨이 게잇

매표소가 어디에 있어요?

Where is the ticket office?

웨어뤼즈더 틱깃 아피쓰

요금은 얼마인가요?

How much is the fare?

하우뭐춰 이즈더 페어

지하철 노선도를 얻을 수 있나요?

Can I have a subway (route) map?

캐나이 해버 썹웨이 (루웃) 맵

국립박물관으로 가려면 어느 출구로 나가야 하나요?

Which exit should I take for the National Museum?

윗춰 엑씻 슈라이 테익 폴더 네셔널 뮤지-엄

시내로 가려면 몇 호선을 타야 하나요?
Which line goes downtown?
윗취 라인 고-즈 다운타운

다음 정거장은 어디입니까?
What is the next stop?
와리즈더 넥쓰땁

어디에서 갈아타야 하나요?
Where should I transfer?
웨어 슈라이 츄뤤쓰퍼

이게 메인 가로 가나요?
Is this for Main Street?
이즈디쓰 포 메인스뜨륏

아니요, 잘못 타셨어요.
No, you are on the wrong train.
노- 유아 안더 륑 츄뤠인

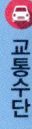

버스 타기 전에

어떤 버스가 시내로 가나요?

Which bus goes downtown?
윗취 버쓰 고-즈 다운타운

길 건너편에서 타세요.

Take it from across the street.
테이킷 프럼 어크뤄쓰더 스뜨륏

링컨 센터로 가는 버스가 몇 번인가요?

Which bus goes to Lincoln Center?
윗취 버쓰 고-즈트 링컨쎈터

4번 버스를 타세요.

Take bus number 4.
테익 버쓰 넘버 포-

이 버스가 5번가로 가는 버스인가요?

Is this the bus to 5th Avenue?
이즈디쓰 더버쓰트 핍프쓰 애버뉴

이 버스가 로브슨 가에 가나요?

Does this bus stop at Robson street?

더즈디쓰**버쓰** 스땁 앳 **롭슨** 스뜨릿

버스 시간표를 어디에서 구할 수 있나요?

Where can I get the timetable?

웨어캐나이 겟더 **타**임테이벌

버스 노선도를 얻을 수 있나요?

Can I have a bus route map?

캐나이 해버 **버쓰루웃** 맵

버스표 구입하기

버스 요금이 얼마예요?

How much is the bus fare?

하우 뭐취 이즈더 버쓰페어

1달러 25센트입니다.

It's a dollar and 25 cents.

잇쳐 달러 앤 트웨니 파이브 쎈츠

버스표가 필요한가요?

Do I need a bus ticket?

드아이니더 버쓰 틱킷

버스표를 어디에서 살 수 있나요?

Where can I buy a bus ticket?

웨어캐나이 바이여 버쓰 틱킷

정액권 하나 주세요.

Can I have a commutation pass?

캐나이 해버 커뮤테이션 패쓰

버스 안에서

요크빌로 가려면 어디에서 내려야 하나요?

Where should I get off to go to Yorkville?

웨어 슈라이 게러프트 고-트 욜크빌

다음 정류장에서 내리세요.

Get off at the next stop.

게러프 앳더 넥쓰땁

어디에서 내려야 하는지 알려 주시겠어요?

Could you tell me where to get off?

크쥬 텔미 웨얼트 게러프

버나비에 도착하면 저에게 알려 주세요.

Please let me know when we get to Burnaby.

플리-즈 렛미노- 웬 위겟트 벌나비

여기에서 몇 번째 정류장입니까?

How many stops from here is it?

하우매니 스땁쓰 프럼히어 이즈잇

어디에서 갈아타야 하나요?

Where should I transfer?

웨어 슈라이 츄뤤쓰퍼

여기에서 내릴 거예요.

I'll get off here.

아일 게러프 히어

고속버스 이용하기

휘슬러까지 가는 데는 얼마예요?

How much is it to Whistler?

하우 **뭐취** 이즈잇트 **위쓸러**

시애틀 가는 표 두 장 주세요.

Two tickets to Seattle, please.

투- **틱깃츠트** 씨애럴 플리-즈

몇 시에 출발하죠?

What time does it leave?

왓타임 더짓 **리-브**

다음 버스는 몇 시인가요?

What time is the next bus?

왓타임 이즈더 **넥쓰트버쓰**

얼마나 걸리나요?

How long does it take?

하우렁- 더짓 **테익**

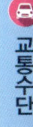

기차표 구입하기

토론토까지 얼마입니까?
How much to Toronto?
하우 뭐취트 터롸노-

좀 더 빨리 출발하는 것은 없나요?
Are there any earlier ones?
아데어 애니 얼리어 원즈

이 표는 며칠간 유효하죠?
How long is the ticket valid?
하우 렁- 이즈 더 틱낏 밸리드

2시간 정도 늦출 수 있나요?
Can I leave two hours later?
캐나이 리-브 투- 아워즈 레이러

이 기차표를 취소할 수 있나요?
Can I cancel this ticket?
캐나이 캔쓸 디쓰 틱낏

🗣 편도입니까? 왕복입니까?

One way or round trip?

원웨이 오어 롸운츄립

왕복입니다.

Round trip, please.

롸운츄립 플리-즈

토론토행 왕복표 주세요.

A round ticket to Toronto, please.

어롸운 틱깃트 터롸노- 플리-즈

내일 아침에 출발하는 토론토행 편도표 주세요.

One way ticket to Toronto for tomorrow morning, please.

원웨이 틱깃트 터롸노- 포 트마뤄우 모-닝 플리-즈

편도 요금은 얼마인가요?

What's the one-way fare?

왓쯔더 원웨이 페어

기차 좌석 정하기

어떤 좌석으로 하시겠어요?
Which class would you like?
윗취 클래쓰 우쥬라익

이등석으로 하겠어요.
Second class, please.
쎄컨 클래쓰 플리-즈

침대차로 주세요.
A sleeping car, please.
어 슬리핑카 플리-즈

위쪽 침대면 좋겠어요.
I'd like the upper berth.
아이드라익디 어퍼 벌쓰

흡연칸으로 부탁합니다.
A smoking car, please.
어 스모-킹 카 플리-즈

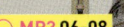

기차 안에서

이것이 토론토행 열차인가요?

Is this for Toronto?

이즈디쓰 포 터롸노-

여기 앉아도 되나요?

Can I sit here?

캐나이 씻 히어

거기는 제 자리인데요.

That's my seat.

댓쯔 마이 씻-

죄송합니다. 옮길게요.

I'm sorry. I'll move.

아임 쎄뤼 아일 무브

창문을 열어도 되나요?

Can I open the window?

캐나이 오-펀더 윈도우

문제가 생겼어요

표를 잃어버렸어요.
I've lost my ticket.
아입 러스트 마이 틱낏

기차를 잘못 탔어요.
I'm on the wrong train.
아임 안더 뤙 츄뤠인

기차를 놓쳤어요.
I've missed my train.
아입 미쓰트 마이 츄뤠인

내릴 역을 지나쳐 버렸어요.
I've missed my station.
아입 미쓰트 마이 스떼이션

기차에 짐을 놓고 내렸어요.
I left something on the train.
아이 레프트 썸띵 안더 츄뤠인

단어만 알아도 통한다!

기관실	**engineer**	엔쥐니어
객차	**passenger car**	패썬줘 카
침대차	**sleeping car**	슬리핑 카
식당차	**dining car**	다이닝 카
일등석	**first class**	퓔스트 클래쓰
이등석	**second class**	쎄컨 클래쓰
지정 좌석	**reserved seat**	뤼절브드 씻-
플랫폼	**platform**	플랫-폼

택시 타기 전에

택시를 불러 주세요.

Call me a taxi, please.

컬-미어 택씨 플리-즈

콜택시 전화번호 아세요?

Do you know any numbers of call taxi's?

드유노- 애니 넘버저브 컬- 택씨즈

택시 타는 곳은 어디인가요?

Where is the taxi stop?

웨어뤼즈더 택씨 스땁

공항까지 얼마나 나옵니까?

How much will it cost to the airport?

하우뭐취 윌릿 카쓰트 트디 에어폴-트

공항까지 얼마나 걸리나요?

How long does it take to get to the airport?

하우렁- 더짓 테익트 겟트디 에어폴-트

택시의 출발과 도착

어디로 가십니까?
Where to?
웨얼 투

이 주소로 가 주세요.
Please go to this address.
플리-즈 고-트 디쌔듀뤠쓰

포시즌 호텔로 가 주세요.
To the Four Season's Hotel, please.
트더 포-씨-전즈 호텔 플리-즈

여기 세워 주세요.
Stop here, please.
스땁 히어 플리-즈

거스름돈은 가지세요.
Keep the change.
킵더 췌인쥐

교통수단

택시 기사에게 요청하기

여기에서 기다려 주세요.

Please wait here.
플리-즈 웨잇 히어

서둘러 주세요.

Please hurry up.
플리-즈 허뤼압

좀 천천히 몰아 주세요.

Please drive more slowly.
플리-즈 듀롸이브 모어 슬로울리

히터 온도를 높여 주시겠어요?

Please turn the heat up.
플리-즈 턴더 힛업

에어컨을 꺼 주시겠어요?

Please turn off the air-conditioning.
플리-즈 터너프디 에어컨디셔닝

문제가 생겼어요

시간이 너무 오래 걸리는군요, 그렇죠?

It's taking a long time, isn't it?

잇쯔 테이킹어 렁- 타임 이즌딧

가는 길이 아닌 것 같은데요.

This looks like the wrong way.

디쓰 룩쓰 라익더 뤙 웨이

이 길이 공항 가는 길이 확실한가요?

Are you sure this is the way to the airport?

알유 슈어 디쓰이즈더 웨이트디 에어포—트

다른 호텔로 데려다주셨어요.

You've brought me to the wrong hotel.

유브 브럿미 트더 뤙 호텔

요금이 미터기보다 많지 않나요?

Aren't you overcharging me?

안츄 오-버촬-징 미

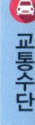

렌터카 요금 물어보기

차를 빌리고 싶어요.

I'd like to rent a car.

아이드라익트 뤤터 카

요금표를 보여 주세요.

Can I see the rate list?

캐나이 씨더 뤠잇 리쓰트

하루 요금이 얼마예요?

What is the rate for one day?

와리즈더 뤠잇포 원데이

보증금이 얼마예요?

How much is the deposit?

하우뭐취 이즈더 디파짓

보험을 모두 들고 싶어요.

I'd like full coverage.

아이드라익 풀 커버리쥐

빌릴 차 고르기

어떤 종류의 차를 원하세요?
What kind of car do you want?
왓카이너브 카 드유 원트

자동 기어 차가 좋아요.
I'd like an automatic.
아이드라이컨 어러매릭

사륜구동차로 주세요.
A 4-wheel drive, please.
어 포- 휘얼 듀롸이브 플리-즈

어떤 사이즈를 원하세요?
Which size do you like?
윗취 싸이즈 드유라익

소형차요, 중형차요?
Small or medium?
스멀 오어 미리엄

단어만 알아도 통한다!

수동 기어 차	**manual car**	메뉴월 카
자동 기어 차	**automatic car**	아러매릭 카
밴	**van**	밴
레저용 자동차	**R/V**	알 브이
스테이션 왜건	**station wagon**	스떼이션 왜–건
컨버터블	**convertible**	컨붜뤄블
소형차	**compact car**	캄펙트 카
대형차	**large sized car**	라–쥐 싸이즈드 카

렌트하기

며칠간 차를 쓰실 건가요?

How long will you be using it?

하우렁- 윌유비 유-징 잇

일주일 동안이요.

For a week.

포러 위익

토론토에서 반납할 수 있나요?

Can I drop it off in Toronto?

캐나이 듀롭피더프 인 터롸노-

신용카드를 주시겠어요?

Can I get your credit card, please?

캐나이 겟 유워 크뤠딧 칼-드 플리-즈

면허증을 보여 주시겠어요?

Can I see your driver's license, please?

캐나이 씨 유워 듀롸이벌즈 라이쓴쓰 플리-즈

주유소에서

가득 채워 주세요.

Fill it up, please.

필리럽 플리-즈

20달러어치 넣어 주세요.

Twenty dollars worth, please.

트웨니 달러즈 워쓰 플리-즈

일반 휘발유인가요, 무연 휘발유인가요?

Regular or unleaded?

뤠귤러 오어 언리디드

도로 지도가 필요해요.

I need a road map.

아이니더 로드맵

여기에서 그곳으로 어떻게 가나요?

How do I get there from here?

하우드아이 겟 데어 프럼히어

도로 표지판 익히기

우회

일방통행

멈춤

양보

진입 금지

제한 속도

주차 금지

견인지역

전방 공사 중

막다른 길

피카소 미술관

포트벨

사그라다 파밀리아 성당

★ 그 곳 에 가 고 싶 다 ★

Barcelona 바르셀로나

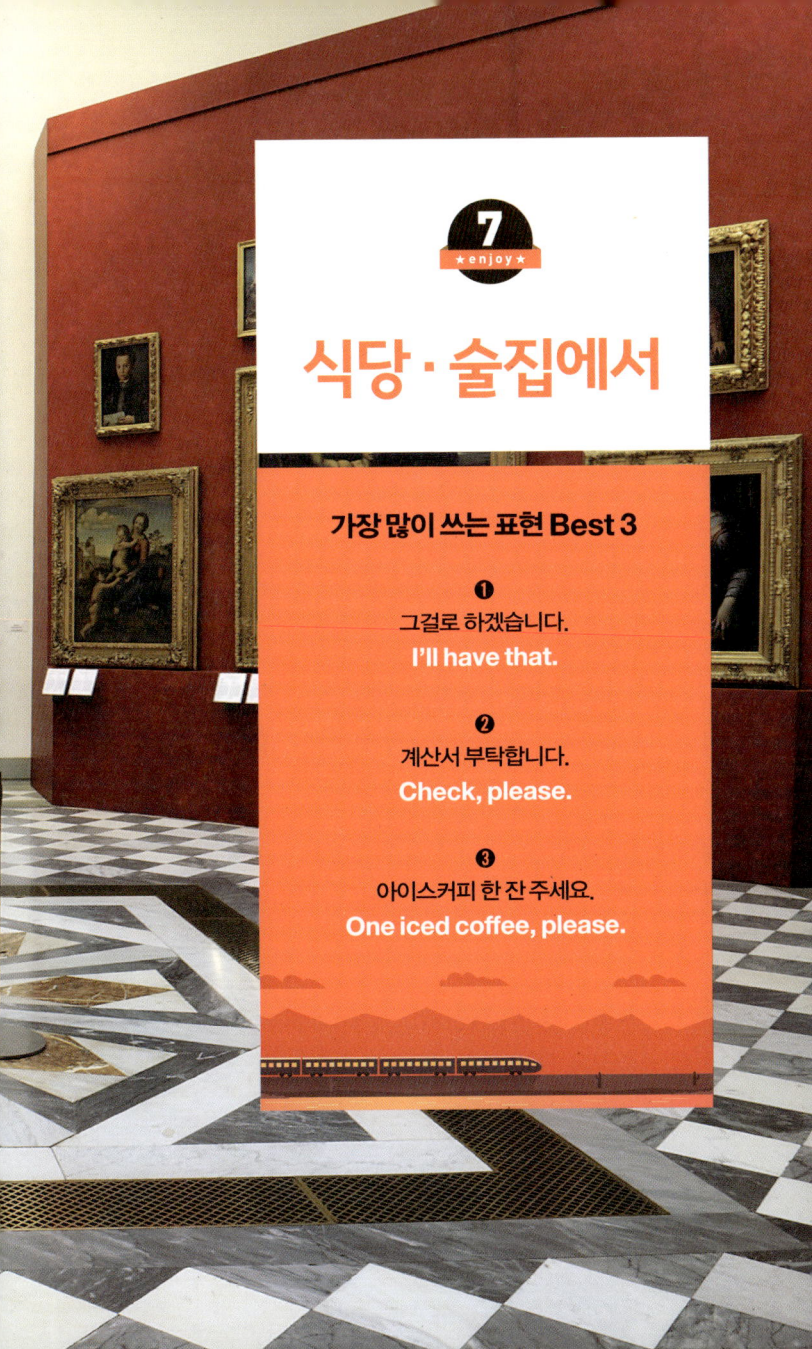

식당 예약하기

근처에 좋은 식당을 하나 소개해 주시겠어요?

Could you recommend a good restaurant around here?

크쥬 퀘커멘더 굿 퀘스터뢴 어롸운 히어

한국 식당은 어디에 있나요?

Where is a Korean restaurant?

웨어뤼저 코뤼언 퀘스터뢴

이 고장 특유의 음식을 먹고 싶은데요.

I'd like to have some local food.

아이드라익트 햅썸 로-컬 푸-드

예약이 필요한가요?

Do I need a reservation?

두아이 니더 퀘절베이션

5시에 예약을 하고 싶은데요.

I'd like a reservation at 5 p.m. please.

아이드라익커 퀘절베이션 앳 파이브 피엠 플리-즈

몇 분이신가요?

For how many?

포 하우매니

두 명입니다.

Two, please.

투- 플리-즈

금연석이요, 흡연석이요?

Smoking or non-smoking?

스모-킹 오어 난스모-킹

금연석으로 주세요.

Non-smoking table, please.

난스모-킹 테이블 플리-즈

스펠링 좀 말씀해 주시겠습니까?

Could you spell that, please?

크쥬 스뻴 댓 플리-즈

식당에 도착했을 때

예약을 했는데요.

I have a reservation.
아이해버 뤠절베이션

예약은 하셨나요?

Do you have a reservation?
드유해버 뤠절베이션

네, 오후 5시로 했습니다.

Yes, I did for 5 p.m.
옛쓰 아이디드 포 파이브 피엠

이름이 어떻게 되시죠?

Can I have your name?
캐나이 햅 유워 네임

이쪽으로 오세요.

Come this way, please.
컴 디쓰웨이 플리-즈

두 사람인데 자리가 있어요?

Do you have a table for two?

드유해버 테이블 폴투-

죄송합니다. 지금은 자리가 없어요.

Sorry, we're full now.

쏘뤼 위어 풀 나우

얼마나 기다려야 하나요?

How long do we have to wait?

하우렁- 드위햅트 웨잇

그럼, 기다릴게요.

Then, we'll wait.

덴 위일웨잇

다음에 다시 오겠습니다.

We'll come back again.

위일 컴 백 어겐

음식 주문하기

메뉴를 보여 주세요.
The menu, please.
더메뉴 플리-즈

주문하시겠습니까?
Can I take your order?
캐나이 테이큐어 오-더

지금 주문해도 되나요?
Can we order now?
캔위 오-더 나우

추천을 해 주시겠어요?
What would you recommend?
와르쥬 뤠커멘드

메뉴판을 다시 볼 수 있나요?
Can I see the menu again?
캐나이 씨더 메뉴 어겐

이 집의 특별 요리는 뭔가요?

What's your specialty?

왓쯔유워 스뻬셜티

오늘의 특별 요리는 무엇인가요?

What's today's special?

왓쯔 투데이즈 스뻬셜

수프는 어떤 게 있나요?

What kind of soups do you have?

왓카인너브 스읍쓰 두유햅

시간 좀 주시겠어요?

Could you give me a few minutes?

크쥬 깁미어퓨 미닛쯔

이건 뭔가요?

What is this?

와리즈 디쓰

그걸로 하겠습니다.

I'll have that.

아일 해브 댓

같은 걸로 주세요.

The same for me.

더 쎄임 폴 미

닭고기로 할게요.

I'll have chicken.

아일 해브 취킨

음료는 뭘로 하시겠어요?

What will you have to drink?

왓 윌 유 햅트 듀륑크

저 여자분이 하시는 걸로 할게요.

I'll have what she's having.

아일 해브 왓 쉬즈 해빙

문제가 생겼어요

더 기다려야 하나요?

Do I have to wait any longer?

드아이햅트 웨잇 애니 렁-거

저기로 옮길 수 있나요?

Can I move over there?

캐나이 무브 오-버 데어

이건 제가 주문한 게 아닌데요.

This is not what I ordered.

디쓰이즈 낫 와라이 오-더드

이 쇠고기는 충분히 익지 않았어요.

The beef is not cooked well.

더비-프 이즈낫 쿡트 웰

수프에서 머리카락이 나왔어요.

I found a hair in my soup.

아이 파운더 헤어 인마이스웁

메뉴판 읽기

starter / appetizer	전채요리
main dish	메인 요리
dessert	후식
beverage	음료
salt	소금
pepper	후추
vinegar	식초

raw	날것의
baked	구운
fried	튀긴
roasted	불에 구운
grilled	석쇠로 구운
smoked	훈제한
boiled	끓인
steamed	찐
chilled	식힌
mixed	섞은
chopped	잘게 썰은

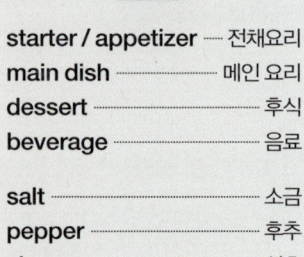

egg	달걀
potato	감자
corn	옥수수
bean	콩
tomato	토마토
carrot	당근
spinach	시금치
pumpkin	호박
cabbage	양배추
lettuce	양상추
cucumber	오이
mushroom	버섯
onion	양파
garlic	마늘

chicken	닭고기
beef	쇠고기
veal	송아지고기
pork	돼지고기
mutton	양고기
bacon	베이컨
fish	생선
seafood	해산물
salmon	연어
shrimp	새우
octopus	문어
tuna	참치

계산하기

계산서 주세요.
Check, please.
첵 플리-즈

계산을 따로 할게요.
Separate checks.
쎄퍼뤠잇 첵스

전부 얼마인가요?
How much is it altogether?
하우 뭐취 이즈잇 얼트게더

거스름돈을 잘못 주셨어요.
You gave me the wrong change.
유 게입미더 뤙 췌인쥐

합계가 잘못됐어요.
The total is wrong.
더 토우럴 이즈 뤙

봉사료가 포함된 건가요?

Is service charge included?

이즈 썰비쓰 촬-쥐 인클루디드

이 금액은 뭐죠?

What's this amount for?

왓쯔디쓰 어마운트 포

선불인가요?

Do I pay in advance?

드아이 페이 이너드밴쓰

신용카드를 사용할 수 있나요?

Do you accept credit cards?

드유 억쎕트 크뤠딧 칼-즈

여행자 수표도 되나요?

Do you accept traveler's check?

드유 억쎕트 츄뤠블러즈 췍

커피숍에서

아이스커피 한 잔 주세요.

One iced coffee, please.

원 아이쓰트 커-퓌 플리-즈

어떤 사이즈로 드려요?

What size?

왓 싸이즈

톨 사이즈로 주세요.

Tall size.

털 싸이즈

여기에서 드시나요, 아니면 가지고 가시나요?

For here or to go?

폴히어 오어 트고-

가지고 갈 거예요.

To go, please.

트고- 플리-즈

휘핑크림을 올려 드려요?
Do you want whip-cream on top?

드유원 윕크림 안탑

네, 그렇게 해 주세요.
Yes, please.

옛쓰 플리-즈

아니요, 괜찮습니다.
No, thanks.

노- 땡쓰

연하게요, 진하게요?
Mild or strong?

마일드 오어 스트롱

샷 하나 추가해 주세요.
Please add one more shot.

플리-즈 애드 원모어 샷

패스트푸드점에서

다음 손님!
Next, please.
넥쓰트 플리-즈

빅맥 세트 하나 주세요.
One Big Mac Meal, please.
원 빅 맥 미을 플리-즈

치즈를 넣어 드려요?
With cheese?
위드 치-즈

음료는 무엇으로 하시겠어요?
What would you like to drink?
와르쥬라익트 듀륑크

콜라로 주세요.
Coke, please.
코크 플리-즈

케첩 좀 더 주세요.

Some more ketchup, please.

썸모어 켓췹 플리-즈

빨대는 어디에 있나요?

Where are the straws?

웨어라더 스트뤄어즈

다른 거는요?

Anything else?

애니띵 엘쓰

없어요. 그게 다예요.

No, thanks. That's all.

노- 땡쓰 댓쩌얼

그게 전부인가요?

Is that all?

이즈 댓 얼

술집에서

무엇을 마시겠어요?

What would you like to drink?

와르쥬라익트 듀륑크

어떤 종류의 맥주가 있나요?

What brand of beer do you have?

왓브뤤더브 비어 드유햅

버드와이저 주세요.

Budweiser, please.

버드와이저 플리-즈

생맥주 한 잔 주세요.

A draft beer, please.

어 듀뤠프트 비어 플리-즈

한 잔 더 주세요.

Give me another.

깁미 어나더

식당에서

건배!

Cheers!

취얼쓰

우리를 위해 건배!

Here's to us.

히어즈 트어쓰

당신의 건강을 위해 건배!

To your health!

트유워 헬쓰

다 마셔!

Drink up!

드링컵

내가 낼게.

It's on me.

잇쯔 안미

톱카프 궁전

그랜드 바자르

블루 모스크

★ 그 곳 에 가 고 싶 다 ★

Istanbul 이스탄불

예레바탄 사라이 지하 궁전

돌마바흐체 궁전

아야소피아 박물관

예니 자미

에윱 술탄 자미

관광 즐기기

가장 많이 쓰는 표현 Best 3

❶
관광 안내소는 어디에 있나요?
**Where is
the tourist information center?**

❷
사진 좀 찍어 주시겠어요?
Could you take a picture for me?

❸
할인 사항이 있나요?
Is there any discount?

관광하기

관광 안내소는 어디에 있어요?

Where is the tourist information center?

웨어리즈더 투어리스트 인포메이션 쎈터

구경하기에 가장 좋은 곳은 어디인가요?

Where is the best place to see?

웨어리즈더 베스트 플레이스 트씨

둘러볼 만한 재미있는 장소 좀 알려 주세요.

Please tell me some interesting places.

플리-즈 텔미 썸 인트뤠스팅 플레이시즈

야간 관광은 있나요?

Are there any night tours?

아데어 애니 나잇 투어즈

시내 투어에 참여하고 싶은데요.

I'd like to join a city tour.

아이드라익트 조이너 씨리 투어

여기에서 여행 예약을 할 수 있나요?
Can I make a tour reservation here?
캐나이 메이커 투어 뤠절베이션 히어

인기 있는 코스가 있나요?
Are there popular tour courses?
아데어 파퓰러 투어 콜–씨즈

오늘 투어가 있나요?
Do you have a tour today?
드유해버 투어 투데이

몇 시에 어디에서 출발하나요?
What time and where do we leave from?
왓타임 앤 웨어 드위 리–프럼

가이드가 동반하나요?
Will a guide join us?
윌어 가이드 조이너스

사진 찍기

사진 좀 찍어 주시겠어요?

Could you take a picture for me?

크쥬 테익커 픽춰 폴미

같이 사진 찍을 수 있을까요?

Do you mind taking a picture with me?

드유 마인드 테이킹어 픽춰 위드미

당신의 사진을 찍어도 될까요?

Can I take a picture of you?

캐나이 테이커 픽춰러뷰

여기에서 사진을 찍어도 되나요?

Can I take a picture here?

캐나이 테이커 픽춰 히어

사진 찍어 드릴까요?

Can I take a picture for you?

캐나이 테이커 픽춰 포유

그냥 셔터만 누르시면 돼요.

Just push the shutter, please.

쥐스트 푸쉬더 쉬러 플리-즈

준비됐어요?

Are you ready?

알유- 레디

'치즈' 하세요.

Say Cheese.

쎄이 치-즈

카메라를 보세요.

Look at the camera.

루깻더 캐머롸

한 장 더 부탁드려요.

One more, please.

원모어 플리-즈

박물관, 미술관 관람하기

입장료가 얼마인가요?

How much is the admission fee?

하우 뭐취 이즈디 애드밋션 피-

안에서 사진을 찍어도 될까요?

Can I take some pictures inside?

캐나이 테익썸 픽춸쓰 인싸이드

몇 시에 폐관하나요?

What's the closing time?

왓쯔더 클로우징 타임

박물관 휴관일이 언제입니까?

When is the museum closed?

웨니즈더 뮤자-엄 클로-즈드

저것은 누구의 작품인가요?

Whose work is that?

후즈월키즈 댓

할인이 되나요?
Is there any discount?
이즈데어러니 디쓰카운트

들어가려면 얼마나 기다려야 하나요?
How long do I have to wait to get in?
하우렁- 드아이햅트 웨잇트 게딘

주차는 무료인가요?
Is parking free?
이즈 팔킹 프뤼

오디오 가이드 서비스가 있나요?
Do you have an audio guide service?
드유해번 오디오- 가이드 썰비쓰

그림엽서 있나요?
Do you have any post cards?
드유햅 애니 포-스트 칼-즈

유럽에서 꼭 가 봐야 할 박물관

내셔널 갤러리 The National Gallery_런던

대영 박물관 British Museum_런던

루브르 박물관 Louvre Museum_파리

바티칸 박물관 Vatican Museum_바티칸시티

박물관 섬 Museum Island Berlin_베를린

오르세 미술관 Musée d'Orsay_파리

우피치 미술관 Uffizi Gallery_피렌체

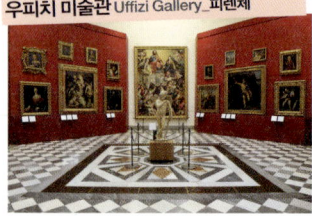

프라도 미술관 Museo del Prado_마드리드

영화, 공연 관람하기

지금 어떤 것이 상영[상연] 중인가요?

What's playing now?
왓쯔 플레잉 나우

어떤 좌석으로 드릴까요?

Which seat would you like?
윗취 씻- 우쥬라잌

앞쪽 좌석으로 주세요.

A front row seat, please.
어프론트 뤄우 씻- 플리-즈

이건 어떤 종류의 영화인가요?

What kind of movie is this?
왓카인너브 무뷔 이즈 디쓰

그건 코미디예요.

It's a comedy.
잇쳐 카머디

다음 공연은 몇 시예요?

What time is the next show?

왓타임 이즈더 넥쓰트 쇼우

공연 시간은 얼마나 되나요?

How long is the show time?

하우렁- 이즈더 쇼우 타임

매진되었나요?

Is it sold out?

이즈잇 쏠-다울

주연 배우가 누구예요?

Who is the main actor?

후이즈더 메인 엑터

영어 자막이 있나요?

Do you have English subtitles?

드유햅 잉글릿쉬 썹타이틀쓰

강력 추천! 뮤지컬

Billy Elliot 빌리 엘리엇

Phantom of the Opera 오페라의 유령
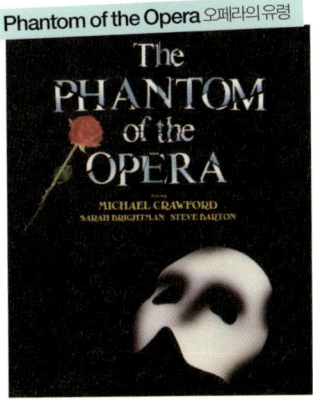

Mamma Mia! 맘마미아

The Lion King 라이온킹

Wicked 위키드

Les Miserable 레미제라블

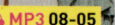

스포츠 관람하기

어느 팀과 어느 팀의 경기인가요?

Which teams are playing?
윗취 팀-스아 플레잉

지금 표를 살 수 있나요?

Can I still get a ticket?
캐나이 스띨 게러 틱낏

죄송합니다. 매진됐네요.

Sorry, we're sold out.
써뤼 위아 쏠-다웉

입석이라도 있나요?

Do you have any standing seats?
드유햅 애니 스땐딩 씻-츠

이 자리에 앉을 사람이 있나요?

Is this seat taken?
이즈디씻- 테익끈

점수가 어떻게 되나요?

What's the score?

왓쯔더 스꼬어

동점이에요.

The score is tied.

더 스꼬어 이즈 타이드

막상막하의 경기예요.

It's a close game.

잇쳐 클로-즈 게임

누가 이겼어요?

Who won?

후 워언

누가 이기고 있어요?

Who's winning the game?

후즈 위닝더 게임

관광하기

하나우마 베이

케알라케쿠아 베이

와이키키 해변

★ 그 곳 에 가 고 싶 다 ★

Hawaii 하와이

9 ★enjoy★

쇼핑하기

가장 많이 쓰는 표현 Best 3

❶
그냥 둘러보는 중이에요.
Just looking.

❷
입어 봐도 돼요?
Can I try it on?

❸
이거 면세되나요?
Is this tax-free?

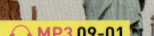

물건 살펴보기

무엇을 도와드릴까요?

Can I help you?

캐나이 헬프유

그냥 둘러보는 중이에요.

Just looking.

쥐스트 룩낑

기념품을 찾고 있는데요.

I'm looking for souvenirs.

아임 룩낑포 쑤브니얼즈

저것 좀 볼 수 있나요?

Can I see that one?

캐나이 씨 댓원

이것 좀 보여 주세요.

Show me this one, please.

쇼-미 디쓰원 플리-즈

이거 세일해요?
Is this on sale?
이즈디쓰 안 쎄일

다른 것을 보여 주세요.
Show me something different, please.
쇼-미 썸띵 디퍼륀트 플리-즈

이걸로 빨간색 있어요?
Do you have this in red?
드유해브 디쓰인 뤠드

좀 더 싼 것으로 보여 주세요.
Could you show me a cheaper one?
크쥬 쇼-미어 취-퍼 원

입어[신어, 발라, 껴] 봐도 되나요?
Can I try it on?
캐나이 추라잇 안

쇼핑하기

단어만 알아도 통한다!

빨간색	**red** 뤠드	파란색	**blue** 블루
노란색	**yellow** 옐로우	초록색	**green** 그뤼인
분홍색	**pink** 핑크	보라색	**purple** 펄플
갈색	**brown** 브롸운	주황색	**orange** 어륀지
베이지	**beige** 베이지	회색	**gray** 그뤠이
흰색	**white** 화잇	검은색	**black** 블랙

큰	**big** 빅	작은	**small** 스몰
긴	**long** 롱–	짧은	**short** 쇼어트
꽉 끼는	**tight** 타잇	헐렁한	**loose** 루–스
(디자인이) 소박한	**plain** 플뤠인	(색,무늬가) 요란한	**loud** 라우드
(색이) 밝은	**light** 라잇	(색이) 어두운	**dark** 달–크
비싼	**expensive** 익스펜시브	(값이) 싼	**cheap** 칩–

물건 사기

이걸로 주세요.

I'll take this one.

아일 테익 디쓰원

포장해 주세요.

Wrap it, please.

뤠핏 플리-즈

신용카드로 지불해도 되나요?

Can I pay it by credit card?

캐나이 페이잇 바이 크뤠딧 칼-드

여기 제 신용카드요.

Here's my credit card.

히어즈 마이 크뤠딧 칼-드

여기 있어요.

Here you are.

히어 유아

물건값 흥정하기

이거 얼마예요?

How much is this?

하우 뭐취 이즈 디쓰

너무 비싸네요.

It's too expensive.

잇쯔 투– 익쓰펜씨브

할인 좀 해 줄 수 없나요?

Could you discount for me?

크쥬 디쓰카운 폴미

가격 때문에 아직 결정 못했어요.

I haven't decided yet because of the price.

아이 헤븐 디싸이드 옛 비커저브더 프라이쓰

좀 더 싸게 해 주세요, 그러면 살게요.

Please give me a discount, then I will buy it.

플리–즈 깁미어 디쓰카운트 덴 아이윌 바이잇

40달러면 어때요?
How about 40 dollars?

하우어바웃 포어리 달러즈

관광객에게 할인해 주나요?
Do you have a discount for travelers?

드유해버 디쓰카운포 츄뤠블러즈

죄송합니다. 저희는 정찰 가격으로 팔거든요.
Sorry, we go at a fixed price.

써뤼 위 고- 애더 픽쓰트 프롸이쓰

이거 세금 환급 될까요?
Will this tax be refunded?

윌 디쓰텍쓰 비뤼펀디드

이거 면세되나요?
Is this tax-free?

이즈디쓰 텍쓰 프뤼

기념품 사기

기념품을 좀 사고 싶은데요.

I'd like to buy some souvenirs.

아이드라이트 바이 썸 쑤브니얼즈

친구들에게 줄 선물을 좀 사고 싶은데요.

I'd like to buy some gifts for friends.

아이드라이트 바이 썸 기프츠포 프렌즈

선물하기에 뭐 특별한 거 없을까요?

Could you recommend something special for a souvenir?

크쥬 뤠커멘드 썸띵 스뻬셜 포러 쑤부니어

이 지역의 특산품은 뭔가요?

What is a popular local product?

와리저 파퓰러 로-컬 프롸덕트

포장해 주시겠어요?

Could you wrap it, please?

크쥬 뤠핏 플리-즈

상점 찾기

근처에 신발 가게가 있나요?

Is there a shoe store nearby?

이즈데어뤄 슈우 스또어 니어바이

면세점이 어디에 있어요?

Where is the duty-free shop?

웨어뤼즈더 듀리프뤼 샵

이 근처에 좋은 선물 가게 있나요?

Are there any good gift shops around here?

아데어 애니 굿 기프트 샵쓰 어롸운 히어

어디를 가면 그걸 살 수 있을까요?

Where can I buy it?

웨어캐나이 바이잇

이 근처 어디에 슈퍼마켓이 있나요?

Where is a grocery store around here?

웨어뤼저 그뤄써뤼 스또어 어롸운 히어

단어만 알아도 통한다!

 옷 가게 **clothing store** 클로딩 스또어

 신발 가게 **shoe store** 슈우 스또어

 빵집 **bakery** 베이커뤼

 보석점 **jewelry store** 쥬어뤼 스또어

 편의점 **convenience store** 컨뷔니언쓰 스또어

 할인매장 **discount store** 디쓰카운트 스또어

 장난감 가게 **toy store** 토-이 스또어

 꽃가게 **flower shop** 플라워 샵

옷 사기

의류 매장이 어디에 있나요?

Where is the clothing department?

웨어뤼즈더 클로딩 디파트먼트

스커트를 찾고 있는데요.

I'm looking for a skirt.

아임 룩킹포러 스껄트

 치수가 어떻게 되세요?

What size are you?

왓 싸이잘유

중간 사이즈로 주세요.

One in a medium size, please.

원 이너 미리엄 싸이즈 플리-즈

탈의실이 어디죠?

Where is the fitting room?

웨어뤼즈더 피링룸

잘 맞네요.

It fits well.

잇 핏쯔 웰

좀 크네요.

It's a little big for me.

잇쳐 리럴 빅 폴미

너무 크네요.

It's too big.

잇쯔 투- 빅

너무 꽉 껴요.

It's too tight.

잇쯔 투- 타잇

너무 헐렁해요.

It's too loose.

잇쯔 투- 루-스

좀 더 작은 걸로 보여 주세요.

Show me a smaller one, please.

쇼-미어 스멀러 원 플리-즈

다른 스타일은 없나요?

Do you have any other style?

드유해브 애니 아더 스따일

다른 색상은 없나요?

Don't you have it in another color?

돈츄 햅 이딘 어나더 칼러

똑같은 걸로 검은색은 없나요?

Do you have the same in black?

드유해브더 쎄임 인블랙

어느 게 더 나아 보여요?

Which looks better?

윗취 룩스 베러

단어만 알아도 통한다!

바지 **pants**
팬쯔

청바지 **jeans**
쥔—쓰

터틀넥 **turtleneck**
터를넥

후드셔츠 **hoodie**
후디

재킷 **jacket**
줴킷

블레이저 **blazer**
블레이줘

다운재킷 **down jacket**
다운 줴킷

트렌치코트 **trench coat**
트렌취 코—트

신발 사기

운동화를 찾고 있어요.
I'm looking for sneakers.
아임 룩킹포 스니-컬즈

발 사이즈가 어떻게 되세요?
What size do you wear?
왓 싸이즈 드유 웨어

6.5입니다.
Six and a half.
씩쓰 애너 해프

이걸 한번 신어 보세요.
Try these on.
츄롸이 디-즈 안

앞이 조금 조여요.
It's a bit tight in the front.
잇쳐빗 타잇 인더 프론트

단어만 알아도 통한다!

 운동화 **sneakers** 스니–컬즈

 로퍼 **loafers** 로–펄즈

 펌프스 **pumps** 펌프쓰

 하이힐 **high heels** 하이 힐즈

 플리플랍 **flip-flops** 플립플랍쓰

 샌들 **sandals** 쌘덜즈

 부츠 **boots** 부–쯔

 모카신 **moccasins** 마카쓴스

화장품 사기

화장품 코너는 어디에 있나요?
Where is the cosmetics counter?
웨어뤼즈더 카즈메릭쓰 카운터

립스틱을 찾고 있는데요.
I'm looking for lipstick.
아임 룩낑포 립스띡

샘플 발라 봐도 되나요?
Can I try on the sample?
캐나이 츄롸이 안더 쌤펄

저한테는 어울리지 않네요.
It doesn't suit me well.
잇 다전 숱미 웰

저는 민감성 피부예요.
I have sensitive skin.
아이해브 쎈써티브 스낀

단어만 알아도 통한다!

 스킨 **toner**
토-너

 수분 크림 **moisture cream**
모이스춰 크림-

 향수 **perfume**
펄퓸-

 아이라이너 **eyeliner**
아이라이너

 파운데이션 **foundation**
파운데이션

 아이섀도 **eye shadow**
아이쉐도우

 립스틱 **lipstick**
립스틱

 매니큐어 **nail polish**
네일 펄리쉬

슈퍼마켓에서

유제품은 어디에 있나요?

Where can I find dairy products?

웨어캐나이 파인 데어뤼 프라덕츠

쇼핑 카트는 어디에 있나요?

Where is a cart?

웨어뤼저 칼-트

왼쪽에 있어요.

They are on the left corner.

데이아 안더 레프트 코-너

이거 싱싱한가요?

Is this fresh?

이즈디쓰 프뤠쉬

다 팔렸나요?

Are they all sold out?

아 데이 어얼 쏠-다웉

쿠폰 있으세요?

Any coupons?

애니 쿠펀스

네, 쿠폰이 있는데요.

Yes, I have some coupons.

옛쓰 아이햅썸 쿠펀스

이 계산대에서 계산해도 되나요?

Is this checkout counter open?

이즈디스 첵카웃 카운터 오쁜

종이봉투에 드릴까요, 비닐봉지에 드릴까요?

Paper or plastic?

페이퍼 오어 플래스띡

현금으로 하세요, 카드로 하세요?

Cash or charge?

캐쉬 오어 촬-쥐

단어만 알아도 통한다!

	유제품	**dairy products** 데어뤼 프라덕츠
	냉동식품	**frozen foods** 프롸즌 푸-즈
	통조림	**canned goods** 캔-드 굿즈
	빵류	**baked goods** 베이크트 굿즈
	육류	**meats** 밋-쯔
	해산물	**seafood** 씨-푸드
	조제 식품	**deli** 델리
	음료	**beverage** 베버뤼쥐

면세점에서

여권 좀 보여 주시겠어요?

Can I see your passport?
캐나이 씨 유워 패쓰폴―트

여기 있어요.

Here it is.
히어 이리즈

비행기 탑승권도 보여 주세요.

And your boarding pass, please.
앤 유워 볼―딩패쓰 플리―즈

미화도 받나요?

Do you accept U.S. dollars?
드유 억쎕트 유우에쓰 달러즈

술은 몇 병이나 살 수 있나요?

How many bottles of liquor can I buy?
하우매니 바털자브 릭컬 캐나이 바이

교환과 환불

이 바지 좀 바꿔 주시겠어요?

Can I exchange these pants?

캐나이 익쓰췌인쥐 디-즈 팬쯔

이거 반품하고 싶은데요.

I'd like to return this.

아이드라익트 뤼터언 디쓰

돈으로 환불할 수 있을까요?

Can I get the refund in cash?

캐나이 겟더 뤼펀드인 캐쉬

죄송합니다. 저희는 돈으로 환불해 드리지 않습니다.

Sorry, we don't refund money.

쏘뤼 위돈 뤼펀드 머니

치수를 바꿀 수 있을까요?

Can I exchange it with a different size?

캐나이 익쓰췌인췻- 위더 디퍼뤈트 싸이즈

🔊 뭐가 잘못됐나요?

Is there a problem?

이즈데어러 프라블럼

치수가 맞지 않아요.

It's the wrong size.

잇쯔더 뤙 싸이즈

너무 작아서요.

It's too small.

잇쯔 투- 스멀

전혀 작동하지 않아요.

It doesn't work at all.

잇 더전 웤케럴

🔊 영수증 있으세요?

Do you have a receipt?

드유해버 뤼씻-

디즈니랜드

하버 시티

심포니 오브 라이트

리펄스 베이

★ 그 곳 에 가 고 싶 다 ★

Hong Kong 홍콩

스탠리 마켓

빅토리아 피크

란콰이펑

몽콕 레이디스 마켓

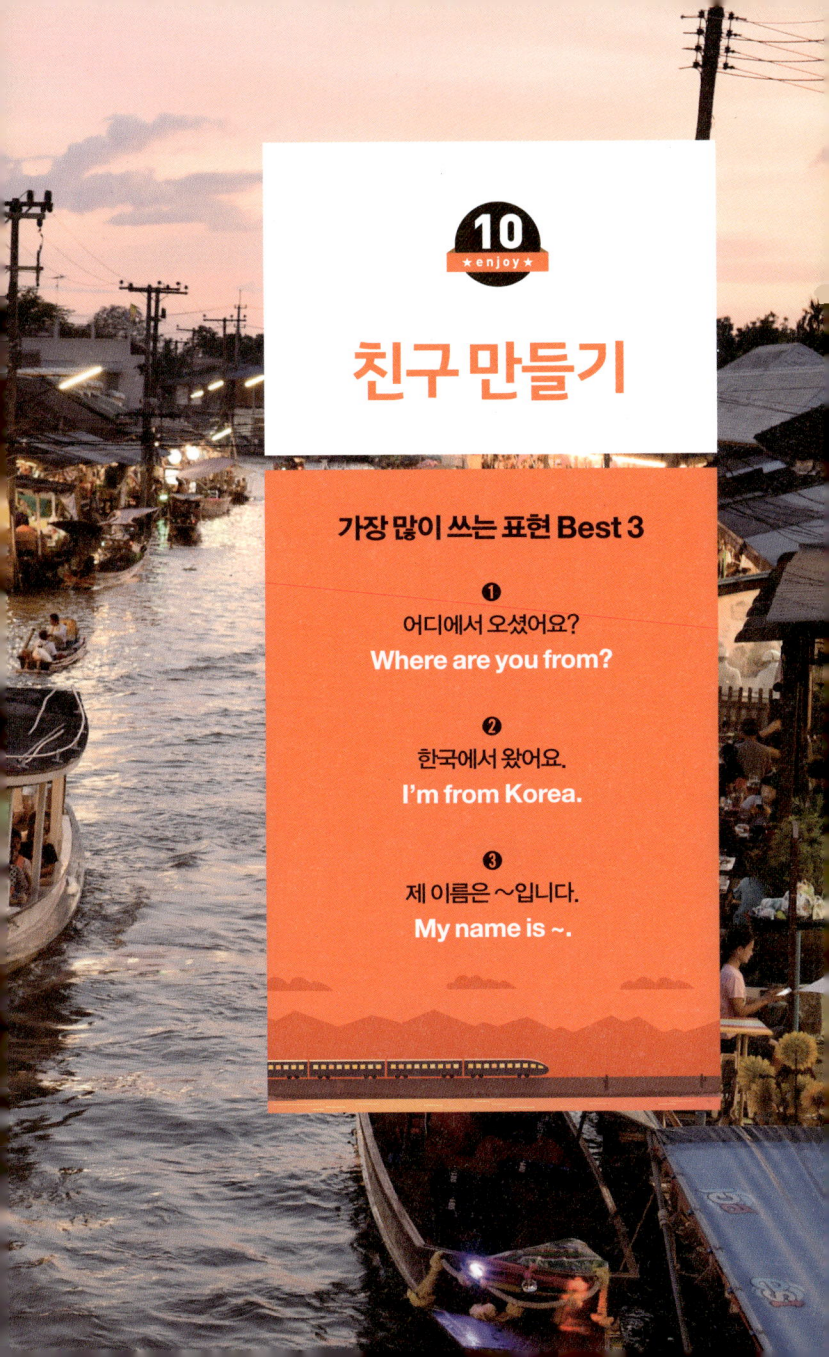

10 ★enjoy★

친구 만들기

가장 많이 쓰는 표현 Best 3

❶
어디에서 오셨어요?
Where are you from?

❷
한국에서 왔어요.
I'm from Korea.

❸
제 이름은 ~입니다.
My name is ~.

말문 떼기

만나서 반가워요.
Nice to meet you.
나이스트 밋-츄

누군가를 기다리고 계세요?
Are you waiting for someone?
알유 웨이링포 써뭔

참 예쁜 곳이에요, 그렇죠?
It's a really beautiful place, isn't it?
잇쳐 뤼일리 비유러펄 플레이쓰 이즌딧

날씨가 참 좋아요, 그렇죠?
Nice day, isn't it?
나이쓰 데이 이즌딧

어디에서 오셨어요?
Where are you from?
웨어라유 프럼

칭찬하기

당신과 함께 있으니까 참 행복하네요.

Being with you makes me happy.

비잉 위디유 메익스미 해피

아는 게 참 많으시네요.

You are well informed.

유아 웰 인포엄드

맞는 말입니다.

You've got a point.

유브가러 포인트

사진이 아주 잘 받네요.

You are very photogenic.

유아 베뤼 포로제닉

체격이 좋으시네요.

You are well-built.

유아 웰 빌트

어쩜 그렇게 날씬하세요?
How do you keep in shape?
하우드유 키핀 쉐입

어디에서 그렇게 멋지게 태우셨어요?
Where did you get such a nice tan?
웨어 디쥬겟 썻춰 나이쓰 탠

두 분이 참 잘 어울리세요.
What a lovely couple.
와러 러블리 커쁠

그거 정말 좋은데요.
It's very nice.
잇쯔 베뤼 나이쓰

당신은 못하는 게 없군요.
There is nothing you can't do.
데어뤼즈 낫띵 유캔 두

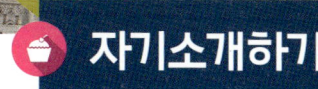

자기소개하기

제 이름은 최수지입니다.
My name is Choi Suji.
마이 네이미즈 최수지

그냥 메이라고 불러 주세요.
Please call me May.
플리-즈 컬-미 메이

별명이 메이예요.
My nickname is May.
마이 닉네이미즈 메이

한국에서 왔어요.
I'm from Korea.
아임 프럼 커뤼아

전 밴쿠버에는 이번이 처음이에요.
This is my first visit to Vancouver.
디쓰이즈 마이 풜스트 비짓트 밴쿠버

친구 만들기

이메일, SNS 주고받기

계속 연락을 하고 싶어요.

I'd like to keep in touch with you.

아이드라익트 킵핀 텃취 위디유

이메일 주소 좀 가르쳐 주시겠어요?

Can I get your e-mail address?

캐나이 겟츄워 이-메일 애듀뤠쓰

저의 이메일 주소는 nexus@gmail.com입니다.

My e-mail address is nexus@gmail.com.

마이 이-메일 애듀뤠씨즈 넥써쓰 앳 쥐메일 닷컴

그것을 적어 주시겠어요?

Could you write it down?

크쥬 롸이릿 다운

그럼요. 종이 주세요.

Of course. Paper, please.

어브 콜-쓰 페이퍼 플리-즈

트위터 하세요?

Do you tweet?

드유 트윗-

페이스북 계정이 있으세요?

Do you have a facebook account?

드유해버 페이스북 어카운트

내가 당신을 초대해도 되나요?

Can I invite you?

캐나이 인바이츄

팔로워가 몇 명이나 있으세요?

How many twitter followers do you have?

하우매니 트위러 팔뤄워즈 드유해브

내 블로그에 놀러 와서 글 남겨 주세요.

Come to my blog and leave a message, please.

컴트 마이 블러그 앤 리-버 메씨쥐 플리-즈

프라 쁘랑 쌈욧

파타야 워킹 스트리트

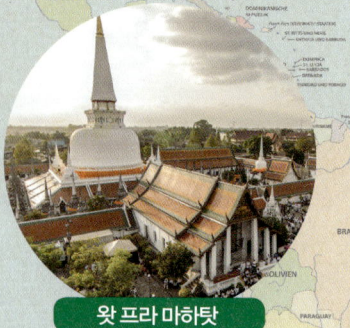
왓 프라 마하탓

왓 아룬

★ 그 곳 에 가 고 싶 다 ★

Bangkok 방콕

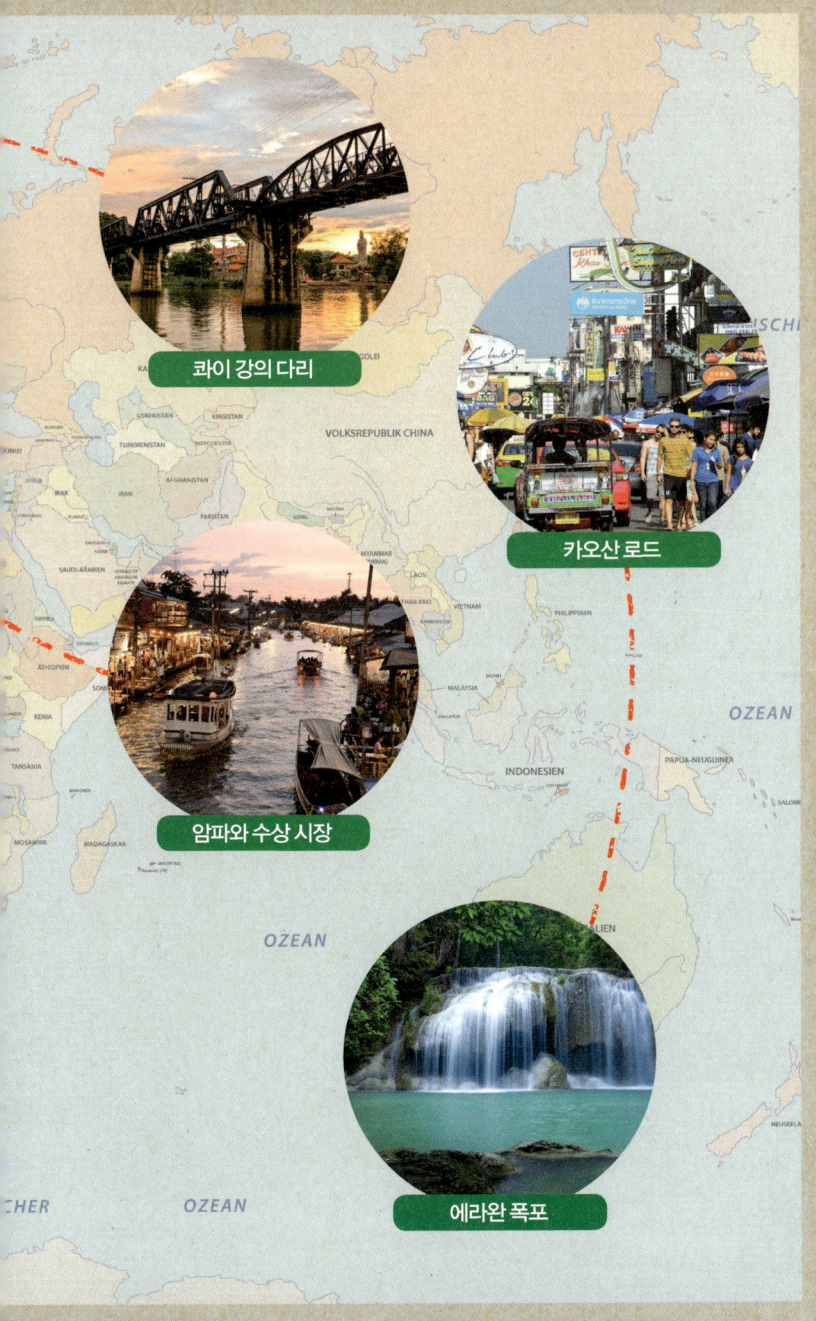

긴급 상황 발생

가장 많이 쓰는 표현 Best 3

❶
한국어 할 줄 아는 사람 있으세요?
Does anyone speak Korean?

❷
지갑을 도둑맞았어요.
I had my wallet stolen.

❸
여기가 아파요.
It hurts here.

도움 청하기

사람 살려요!
Help!
헬프

불이야!
Fire!
파이어

조심하세요!
Look out!
루까웃

도둑이야!
Thief!
띠이프

소매치기예요! 그 사람 좀 잡으세요!
He's a pickpocket! Stop him!
히저 픽파킷 스따핌

비상사태입니다.
Emergency!
이멀ㅈ(전)씨

문제가 생겼어요.
I have a problem.
아이해버 프롸블럼

한국어 할 줄 아는 사람 있으세요?
Does anyone speak Korean?
더즈 애니원 스삑 커뤼언

경찰서가 어디죠?
Where is the police station?
웨어뤼즈더 펄리쓰 스떼이션

여기에 데려다주세요.
Please take me to this place.
플리-즈 테익미트 디쓰플레이쓰

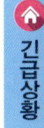
긴급상황

단어만 알아도 통한다!

 경찰서 **police station**
펄리쓰 스떼이션

 경찰 **police officer**
펄리쓰 아피써

 병원 **hospital**
하스피럴

 구급차 **ambulance**
앰뷸런쓰

 소방서 **fire station**
파이어 스떼이션

 소화기 **extinguisher**
엑쓰팅귀셔

 대사관 **embassy**
엠버씨

 영사관 **consulate**
컨썰럿

도난당하거나 분실했을 때

지갑을 도둑맞았어요.
I had my wallet stolen.
아이해드 마이월렛 스또울런

길을 잃어버렸어요.
I've lost my way.
아이브 러스트 마이웨이

가방을 찾을 수가 없어요.
I can't find my bag.
아이캔 파인 마이백-

기차에 가방을 두고 내렸어요.
I left my bag on the train.
아이 레프트 마이백- 안더 츄뤠인

여기에서 지갑 못 보셨어요?
Didn't you see a wallet here?
디른츄 씨-어 월렛 히어

긴급상황

여권을 잃어버렸어요

여권을 잃어버렸어요.
I've lost my passport.
아이브 러스트 마이 패쓰폴-트

한국대사관이 어디죠?
Where is the Korean Embassy?
웨어뤼즈더 커뤼언 엠버씨

한국대사관 전화번호가 어떻게 되나요?
What's the number for the Korean Embassy?
왓쯔더 넘버 포더 커뤼언 엠버씨

재발급해 주세요.
I'd like to get it reissued.
아이드라익트 게릿 뤼잇슈드

여권을 재발급받는 데 얼마나 걸리나요?
How long does it take to get a passport reissued?
하우렁- 더짓 테익트 게러 패쓰폴-트 뤼잇슈드

여행자 수표를 잃어버렸어요

여행자 수표를 잃어버렸어요.

I've lost my traveler's check.

아이브 러스트 마이 츄뤠블러즈 첵

발행 증명서가 있나요?

Do you have your record of the checks?

드유해뷰워 뤠커더브더 첵쓰

여행자 수표 번호를 아시나요?

Do you have the numbers of your traveler's checks?

드유해브더 넘버저브 유워 츄뤠블러즈 첵쓰

네, 여기 있어요.

Yes, here it is.

옛쓰 히어 이리즈

분실 신고서를 써 주세요.

Please make out your report of the check.

플리-즈 메이카웃 유워 뤼포러브더 첵

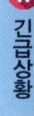
긴급상황

신용카드, 항공권을 잃어버렸어요

신용카드를 정지시켜 주세요.

Cancel my credit card, please.

캔썰 마이 크뤠딧 칼-드 플리-즈

카드 번호는 1234-45678입니다.

The card number is 1234-45678.

더 칼-드 넘버뤼즈 원투-뜨리포- 폴파이브씩쓰쎄번에잇

모든 카드 거래를 정지시켰습니다.

I'll stop all your transactions.

아일 스땁 얼유워 츄뤤젝션즈

항공권을 잃어버렸어요.

I've lost my airline ticket.

아이브 러스트 마이 에어라인 틱낏

항공권을 재발행해 주세요.

Please reissue my airline ticket.

플리-즈 뤼잇슈 마이 에어라인 틱낏

교통사고가 났을 때

911에 전화하세요.
Call 911.
컬– 나인원원

경찰을 부르세요.
Call the police.
컬–더 펄리쓰

구급차를 불러 주세요.
Call an ambulance, please.
커–런 앰뷸런쓰 플리–즈

의사를 빨리 데려와 주세요.
Get a doctor quick.
게러 닥터 쿠윅

여기 의사가 계신가요?
Is there a doctor here?
이즈데어뤄 닥터 히어

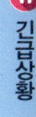
긴급상황

교통사고가 났어요.

I got into a car accident.

아이 가린투어 카 액씨던트

이 차가 뒤에서 내 차를 박았어요.

This car hit my car from behind.

디쓰카 힛 마이카 프럼비하인드

차에 치였어요.

I was hit by a car.

아이워즈 힛 바이여카

지금 있는 곳이 어디인가요?

Where are you now?

웨어라유 나우

50번 도로입니다.

I'm on route 50.

아임안 루웃 피프티

아플 때

여기가 아파요.
It hurts here.
잇 헐쯔 히어

너무 아파서 움직일 수가 없어요.
It's too painful to move.
잇쯔 투- 페인풀트 무-브

피가 나요.
I'm bleeding.
아임 블리-딩

열이 좀 있어요.
I have a fever.
아이해버 피버

설사를 해요.
I have diarrhea.
아이해브 다이여뤼아

병원에서 진찰받기

어디가 아프세요?

Where does it hurt?
웨어 더짓 헐트

언제부터 그랬습니까?

When did it start?
웬디릿 스땉트

어젯밤부터요.

Since last night.
씬스 래쓰트 나잇

보험 있습니까?

Do you have any insurance?
드유해브 애니 인슈어뤈쓰

네, 여행자 보험에 들었어요.

Yes, I have traveler's insurance.
옛쓰 아이해브 츄뤠블러즈 인슈어뤈쓰

혈액형이 어떻게 되세요?
What's your blood type?
왓쯔유워 블러드 타입

제 혈액형은 A형이에요.
My blood type is A.
마이 블러드 타이피즈 에이

저는 알레르기가 있어요.
I have allergies.
아이해브 앨러쥐즈

저는 당뇨가 있어요.
I have diabetes.
아이해브 다이여비리즈

저는 임신 중이에요.
I'm pregnant.
아임 프뤠그넌트

긴급상황

단어만 알아도 통한다!

| 혈압 | **blood pressure** 블러드 프뤠슈어 |

| 맥박 | **pulse** 펄쓰 |

| 심장 질환 | **heart disease** 할-트 디쥐즈 |

| 천식 | **asthma** 애즈마 |

| 당뇨병 | **diabetes** 다이여비리즈 |

| 식중독 | **food poisoning** 푸드 포이저닝 |

| 소화 불량 | **indigestion** 인다이줴쓰춴 |

| 출혈 | **bleeding** 블리-딩 |

감염	**infection** 인펙션	
자상	**cut** 컷	
타박상	**bruise** 브뤼이즈	
염좌, 삠	**sprain** 스쁘뤠인	
오한이 나는	**chilly** 췰리	
어지러운	**dizzy** 디지	
가려운	**itchy** 잇취	
부은	**swollen** 스월런	

성 비투스 대성당

캄파 섬

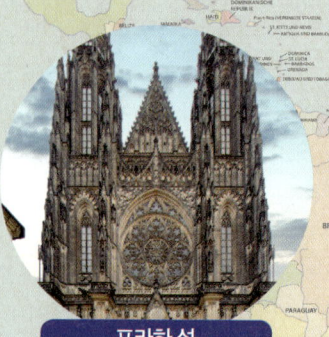
프라하 성

카를교

★ 그 곳 에 가 고 싶 다 ★

Prague 프라하

바츨라프 광장

발트슈테인 정원

체스키 크룸로프

구 시청사

스피드 인덱스

자주 쓰는 표현 BEST 30

감사합니다.	13
미안해요.	13
저기요.	13
아니오, 고마워요.	13
네, 부탁해요.	13
무슨 뜻인지 잘 모르겠어요.	14
영어를 잘 못해요.	14
뭐라고요?	14
좀 더 천천히 말씀해 주세요.	14
얼마예요?	14
그냥 둘러보는 중이에요.	15
할인해 주세요.	15
입어 봐도 돼요?	15
이거 주세요.	15
환불해 주세요.	15
포장해 주시겠어요?	16
거기에 어떻게 가요?	16
얼마나 걸려요?	16
여기에서 멀어요?	16
가장 가까운 지하철역이 어디예요?	16
어디에서 갈아타야 해요?	17
택시를 불러 주세요.	17
힐튼 호텔로 가 주세요.	17
지금 여기가 어디예요?	17
예약했는데요.	17
사진을 찍어 주시겠어요?	18
화장실이 어디예요?	18
이걸로 주세요.	18
물 한 잔 주세요.	18
계산서 주세요.	18

기초회화 Pattern 10

~ 주세요
생수 주세요.	20
커피 주세요.	20
쇠고기로 주세요.	20
메뉴판 좀 주세요.	20
창가 쪽 자리로 주세요.	20

~ 어디예요?
주차장은 어디예요?	21
버스 정류장은 어디예요?	21
가장 가까운 역은 어디예요?	21
매표소는 어디예요?	21
피팅룸은 어디예요?	21

~ 찾고 있는데요
제 자리를 찾고 있는데요.	22
하이드 파크를 찾고 있는데요.	22
기념품을 찾고 있는데요.	22
배터리를 찾고 있는데요.	22
치마를 찾고 있는데요.	22

~가 필요해요
담요가 필요해요.	23
수건이 좀 필요해요.	23
침대가 하나 더 필요해요.	23
룸서비스 부탁해요.	23
모닝콜 부탁합니다.	23

~하고 싶어요
이것 좀 보고 싶어요.	24
거기 가고 싶어요.	24
메뉴를 보고 싶어요.	24

예약하고 싶어요.	24	역에는 어떻게 가요?	29
환불하고 싶어요.	24	당신을 어떻게 찾아요?	29
		그것을 어떻게 사용해요?	29

~ 있어요?

회원증을 가지고 있어요?	25
두 사람인데 자리 있어요?	25
오늘 투어가 있어요?	25
똑같은 걸로 검은색 있어요?	25
다른 스타일은 없어요?	25

~해도 돼요?

입어 봐도 돼요?	26
여기에서 사진 찍어도 돼요?	26
주문을 취소할 수 있나요?	26
무료 시내 지도를 구할 수 있나요?	26
환불할 수 있나요?	26

~해 주시겠어요?

천천히 말씀해 주시겠어요?	27
다시 한번 말씀해 주시겠어요?	27
길 좀 물어봐도 돼요?	27
사진 좀 찍어 주시겠어요?	27
택시 좀 불러 주시겠어요?	27

어디서 ~할 수 있어요?

어디에서 그것을 찾을 수 있어요?	28
어디에서 그것을 살 수 있어요?	28
어디에서 차를 렌트할 수 있어요?	28
어디에서 시간표를 구할 수 있어요?	28
어디에서 짐을 찾을 수 있어요?	28

어떻게 ~해요?

거기 어떻게 가요?	29
차이나타운은 어떻게 가나요?	29

1. 초간단 기본 표현

인사하기

안녕.	34
안녕하세요.	34
좋은 밤 되세요.	34
잘 가.	35
또 만나요.	35
좋은 하루 되세요.	35
행운을 빌어요.	35
처음 뵙겠습니다.	35

감사와 사과

감사합니다.	36
미안해요.	36
사과합니다.	36
어쩔 수 없었어요.	37
제가 실수를 했어요.	37

괜찮아요

천만에요.	36
별 말씀을요.	36
괜찮아요.	37
그것에 대해서는 걱정하지 마세요.	37
신경 쓰지 마세요.	37

긍정

좋습니다.	38
물론이죠.	38

저도 그렇게 생각해요.	38
맞아요.	38
좋은 생각이에요.	38
정말 그래요.	39

부정
아니요, 고마워요.	39
그렇게 생각 안 해요.	39
당신이 틀린 것 같아요.	39
모르겠어요.	39

도움 청하기
좀 도와주시겠어요?	40
부탁 좀 해도 될까요?	40
확인 좀 해 주세요.	40
말씀 중에 정말 죄송합니다.	40
제 가방 좀 봐 주시겠어요?	40

영어를 못해요
무슨 뜻인지 잘 모르겠어요.	41
영어를 조금밖에 못해요.	41
좀 더 천천히 말씀해 주세요.	41
다시 말씀해 주세요.	41
좀 써 주세요.	41

2. 기내에서

자리 찾기
제 자리를 찾고 있는데요.	46
탑승권을 좀 볼 수 있을까요?	46
제 자리에 앉으신 것 같은데요.	46
이쪽으로 오세요.	46
지나가도 될까요?	46

승무원에게 필요한 것 말하기
저기요. (승무원을 부를 때)	47
담요 부탁합니다.	47
베개 부탁합니다.	47
수면용 안대가 있나요?	47
종이와 펜을 좀 얻을 수 있나요?	47

입국신고서 작성하기
이 신고서를 어떻게 작성하나요?	49
여기에 무엇을 써야 하나요?	49
제 입국 카드 좀 봐 주시겠어요?	49
한 장 더 주시겠어요?	49

기내식 먹기
밥 먹을 때 깨워 주세요.	51
식사는 필요 없어요.	51
쇠고기와 생선 중 어느 것을 하시겠습니까?	51
쇠고기 주세요.	51
앞 테이블을 내려 주시겠어요?	51
커피 드릴까요, 차 드릴까요?	52
마실 것은 뭐가 있나요?	52
물도 한 컵 주세요.	52
한 잔 더 주시겠어요?	52
식사 다 하셨습니까?	52

기내에서 아플 때
몸이 안 좋은데요.	54
배가 아파요.	54
두통약 있어요?	54
멀미약 좀 주세요.	54
구토 봉투 있나요?	54

3. 공항에서

비행기 갈아타기
공항에서 얼마나 머물게 되나요?	61
면세점에서 쇼핑을 할 수 있나요?	61
비행기는 어디에서 갈아타죠?	61
탑승 수속은 어디에서 합니까?	61
맡긴 짐은 어떻게 하면 됩니까?	61

입국 심사
여권 좀 보여 주시겠어요?	62
여기요.	62
입국 목적은 무엇입니까?	62
여행하러요.	62
일하러요.	62
미국에는 처음 오시는 겁니까?	64
네, 처음이에요.	64
아니요, 두 번째예요.	64
얼마나 머무실 예정인가요?	64
약 5일간이요.	64
어디에서 묵으실 겁니까?	65
그랜드 호텔에서요.	65
친구 집에서요.	65
돌아갈 항공권은 갖고 계십니까?	65
네, 있어요.	65

수하물 찾기
어디에서 짐을 찾으면 되나요?	66
무슨 항공편으로 오셨나요?	66
좀 도와주세요.	66
제 짐을 찾을 수가 없어요.	66
제 가방 중에 하나가 나오지 않았어요.	66

세관 검사
특별히 신고할 물건은 없습니까?	67
아니요, 없습니다.	67
가방 안에는 뭐가 있죠?	67
개인적인 용품들이에요.	67
가방을 열어 주시겠어요?	67

환전하기
이 근처에 환전소가 있나요?	68
미국 달러로 환전할 수 있을까요?	68
돈은 어떻게 드릴까요?	68
20달러짜리랑 10달러짜리로 주세요.	68
이 지폐를 동전으로 바꿔 주세요.	68

4. 호텔에서

체크인 하기
체크인 해 주세요.	74
예약하셨나요?	74
네, 제 이름은 최수지입니다.	74
이 서류를 작성해 주세요.	74
이렇게 하면 되나요?	74

숙소를 예약하지 않았을 때
빈 방 있나요?	76
더블룸 드릴까요, 싱글룸으로 드릴까요?	76
싱글룸으로 주세요.	76
하루에 얼마예요?	76
더 싼 방은 없나요?	76

룸서비스, 편의 시설 이용하기
룸서비스 부탁합니다.	77
비누와 샴푸를 더 가져다주세요.	77

얼음과 물을 좀 가져다주세요.	77
7시 모닝콜 부탁합니다.	77
택시를 불러 주시겠어요?	77
세탁 서비스 됩니까?	78
언제까지 될까요?	78
방해하지 말아 주세요.	78
인터넷을 사용할 수 있나요?	78
와이파이 비밀번호가 뭐예요?	78

문제가 생겼어요

열쇠를 안에 두고 나왔어요.	80
방 열쇠를 잃어버렸어요.	80
방문을 열어 주세요.	80
202호입니다.	80
이 방은 너무 시끄러워요.	80
시트가 더러워요.	81
방이 너무 추워요.	81
에어컨이 작동하지 않아요.	81
뜨거운 물이 나오지 않아요.	81
화장실 물이 잘 안 내려가네요.	81

체크아웃 하기

체크아웃 시간은 몇 시인가요?	83
체크아웃 부탁합니다.	83
계산서가 잘못된 것 같아요.	83
하루 더 있고 싶은데요.	83
하루 일찍 체크아웃하고 싶어요.	83

5. 거리에서

길 물어보기

길 좀 알려 주시겠어요?	88
센트럴 파크를 찾고 있어요.	88
디즈니랜드에 가는 길을 가르쳐주세요.	88
이 길의 이름은 무엇인가요?	88
근처에 드러그스토어가 있나요?	88

어디예요?

내셔널 갤러리는 어디에 있어요?	90
버스 정류장은 어디예요?	90
가까운 지하철역은 어디에 있어요?	90
출구는 어디예요?	90
주차장이 어디예요?	90

어떻게 가요?

거기 어떻게 가요?	91
타임스 스퀘어는 어떻게 가나요?	91
여기에서 멀어요?	91
얼마나 멀어요?	91
여기에서 걸어서 갈 수 있나요?	91

길을 잃었어요

도와주시겠어요? 길을 잃었어요.	92
여기가 어디예요?	92
지도에서 우리의 위치는 어디인가요?	92
우리가 어느 정류장에 있는 거예요?	92
힐튼 호텔로 가는 길을 못 찾겠어요.	92

6. 교통 이용하기

지하철 이용하기

지하철 개찰구가 어디에 있어요?	98
매표소가 어디에 있어요?	98
요금은 얼마인가요?	98
지하철 노선도를 얻을 수 있나요?	98
~가려면 어느 출구로 나가야 하나요?	98

시내로 가려면 몇 호선을 타야 하나요?	99
다음 정거장은 어디입니까?	99
어디에서 갈아타야 하나요?	99
이게 메인 가로 가나요?	99
아니요, 잘못 타셨어요.	99

버스 타기 전에
어떤 버스가 시내로 가나요?	100
길 건너편에서 타세요.	100
~로 가는 버스가 몇 번인가요?	100
4번 버스를 타세요.	100
이 버스가 5번가로 가는 버스인가요?	100
이 버스가 ~에 가나요?	101
버스 시간표 어디서 구할 수 있나요?	101
버스 노선도를 얻을 수 있나요?	101

버스표 구입하기
버스 요금이 얼마예요?	102
1달러 25센트입니다.	102
버스표가 필요한가요?	102
버스표를 어디에서 살 수 있나요?	102
정액권 하나 주세요.	102

버스 안에서
~로 가려면 어디에서 내려야 하나요?	103
다음 정류장에서 내리세요.	103
어디에서 내려야 하는지 알려 주세요.	103
~에 도착하면 저에게 알려 주세요.	103
여기에서 몇 번째 정류장입니까?	103
어디에서 갈아타야 하나요?	104
여기에서 내릴 거예요.	104

고속버스 이용하기
~까지 가는 데는 얼마예요?	105
~가는 표 두 장 주세요.	105
몇 시에 출발하죠?	105
다음 버스는 몇 시인가요?	105
얼마나 걸리나요?	105

기차표 구입하기
~까지 얼마입니까?	106
좀 더 빨리 출발하는 것은 없나요?	106
이 표는 며칠간 유효하죠?	106
2시간 정도 늦출 수 있나요?	106
이 기차표를 취소할 수 있나요?	106
편도입니까? 왕복입니까?	107
왕복입니다.	107
~행 왕복표 주세요.	107
아침에 출발하는 ~행 편도표 주세요.	107
편도 요금은 얼마인가요?	107

기차 좌석 정하기
어떤 좌석으로 하시겠어요?	108
이등석으로 하겠어요.	108
침대차로 주세요.	108
위쪽 침대면 좋겠어요.	108
흡연칸으로 부탁합니다.	108

기차 안에서
이것이 ~행 열차인가요?	109
여기 앉아도 되나요?	109
거기는 제 자리인데요.	109
죄송합니다. 옮길게요.	109
창문을 열어도 되나요?	109

문제가 생겼어요
표를 잃어버렸어요.	110
기차를 잘못 탔어요.	110

기차를 놓쳤어요.	110
내릴 역을 지나쳐 버렸어요.	110
기차에 짐을 놓고 내렸어요.	110

택시 타기 전에
택시를 불러 주세요.	112
콜택시 전화번호 아세요?	112
택시 타는 곳은 어디인가요?	112
공항까지 얼마나 나옵니까?	112
공항까지 얼마나 걸리나요?	112

택시의 출발과 도착
어디로 가십니까?	113
이 주소로 가 주세요.	113
포시즌 호텔로 가 주세요.	113
여기 세워 주세요.	113
거스름돈은 가지세요.	113

택시 기사에게 요청하기
여기에서 기다려 주세요.	114
서둘러 주세요.	114
좀 천천히 몰아 주세요.	114
히터 온도를 높여 주시겠어요?	114
에어컨을 꺼 주시겠어요?	114

문제가 생겼어요
시간이 너무 오래 걸리는군요.	115
가는 길이 아닌 것 같은데요.	115
이 길이 공항 가는 길이 확실한가요?	115
다른 호텔로 데려다주셨어요.	115
요금이 미터기보다 많지 않나요?	115

렌터카 요금 물어보기
차를 빌리고 싶어요.	116
요금표를 보여 주세요.	116
하루 요금이 얼마예요?	116
보증금이 얼마예요?	116
보험을 모두 들고 싶어요.	116

빌릴 차 고르기
어떤 종류의 차를 원하세요?	117
자동 기어 차가 좋아요.	117
사륜구동차로 주세요.	117
어떤 사이즈를 원하세요?	117
소형차요, 중형차요?	117

렌트하기
며칠간 차를 쓰실 건가요?	119
일주일 동안이요.	119
토론토에서 반납할 수 있나요?	119
신용카드를 주시겠어요?	119
면허증을 보여 주시겠어요?	119

주유소에서
가득 채워 주세요.	120
20달러어치 넣어 주세요.	120
일반 휘발유인가요, 무연인가요?	120
도로 지도가 필요해요.	120
여기에서 그곳으로 어떻게 가나요?	120

7. 식당·술집에서

식당 예약하기
근처에 좋은 식당을 소개해 주세요.	126
한국 식당은 어디에 있나요?	126
이 고장특유의 음식을 먹고 싶은데요.	126
예약이 필요한가요?	126

5시에 예약을 하고 싶은데요.	126
몇 분이신가요?	127
두 명입니다.	127
금연석이요, 흡연석이요?	127
금연석으로 주세요.	127
스펠링 좀 말씀해 주시겠습니까?	127

식당에 도착했을 때
예약을 했는데요.	128
예약은 하셨나요?	128
네, 오후 5시로 했습니다.	128
이름이 어떻게 되시죠?	128
이쪽으로 오세요.	128
두 사람인데 자리가 있어요?	129
죄송합니다. 지금은 자리가 없어요.	129
얼마나 기다려야 하나요?	129
그럼, 기다릴게요.	129
다음에 다시 오겠습니다.	129

음식 주문하기
메뉴를 보여 주세요.	130
주문하시겠습니까?	130
지금 주문해도 되나요?	130
추천을 해 주시겠어요?	130
메뉴판을 다시 볼 수 있나요?	130
이 집의 특별 요리는 뭔가요?	131
오늘의 특별 요리는 무엇인가요?	131
수프는 어떤 게 있나요?	131
시간 좀 주시겠어요?	131
이건 뭐요?	131
그걸로 하겠습니다.	132
같은 걸로 주세요.	132
닭고기로 할게요.	132
음료는 뭘로 하시겠어요?	132
저 여자분이 하시는 걸로 할게요.	132

문제가 생겼어요
더 기다려야 하나요?	133
저기로 옮길 수 있나요?	133
이건 제가 주문한 게 아닌데요.	133
이 쇠고기는 충분히 익지 않았어요.	133
수프에서 머리카락이 나왔어요.	133

계산하기
계산서 주세요.	136
계산을 따로 할게요.	136
전부 얼마인가요?	136
거스름돈을 잘못 주셨어요.	136
합계가 잘못됐어요.	136
봉사료가 포함된 건가요?	137
이 금액은 뭐죠?	137
선불인가요?	137
신용카드를 사용할 수 있나요?	137
여행자 수표도 되나요?	137

커피숍에서
아이스커피 한 잔 주세요.	138
어떤 사이즈로 드려요?	138
톨 사이즈로 주세요.	138
여기에서 드세요, 가지고 가세요?	138
가지고 갈 거예요.	138
휘핑크림을 올려 드려요?	139
네, 그렇게 해 주세요.	139
아니요, 괜찮습니다.	139
연하게요, 진하게요?	139
샷 하나 추가해 주세요.	139

패스트푸드점에서
다음 손님!	140
빅맥 세트 하나 주세요.	140
치즈를 넣어 드려요?	140
음료는 무엇으로 하시겠어요?	140
콜라로 주세요.	140
케첩 좀 더 주세요.	141
빨대는 어디에 있나요?	141
다른 거는요?	141
없어요, 그게 다예요.	141
그게 전부인가요?	141

술집에서
무엇을 마시겠어요?	142
어떤 종류의 맥주가 있나요?	142
버드와이저 주세요.	142
생맥주 한 잔 주세요.	142
한 잔 더 주세요.	142
건배!	143
우리를 위해 건배!	143
당신의 건강을 위해 건배!	143
다 마셔!	143
내가 낼게.	143

8. 관광 즐기기

관광하기
관광 안내소는 어디에 있어요?	148
구경하기에 좋은 곳은 어디인가요?	148
둘러볼 만한 장소 좀 알려 주세요.	148
야간 관광은 있나요?	148
시내 투어에 참여하고 싶은데요.	148
여기에서 여행 예약을 할 수 있나요?	149
인기 있는 코스가 있나요?	149
오늘 투어가 있나요?	149
몇 시에 어디에서 출발하나요?	149
가이드가 동반하나요?	149

사진 찍기
사진 좀 찍어 주시겠어요?	150
같이 사진 찍을 수 있을까요?	150
당신의 사진을 찍어도 될까요?	150
여기에서 사진을 찍어도 되나요?	150
사진 찍어 드릴까요?	150
그냥 셔터만 누르시면 돼요.	151
준비됐어요?	151
'치즈' 하세요.	151
카메라를 보세요.	151
한 장 더 부탁드려요.	151

박물관, 미술관 관람하기
입장료가 얼마인가요?	152
안에서 사진을 찍어도 될까요?	152
몇 시에 폐관하나요?	152
박물관 휴관일이 언제입니까?	152
저것은 누구의 작품인가요?	152
할인이 되나요?	153
들어가려면 얼마나 기다려야 해요?	153
주차는 무료인가요?	153
오디오 가이드 서비스가 있나요?	153
그림엽서 있나요?	153

영화, 공연 관람하기
지금 어떤 것이 상영 중인가요?	155
어떤 좌석으로 드릴까요?	155
앞쪽 좌석으로 주세요.	155
이건 어떤 종류의 영화인가요?	155

그건 코미디예요.	155	발라 봐도 되나요?	165
다음 공연은 몇 시예요?	156	꺼 봐도 되나요?	165
공연 시간은 얼마나 되나요?	156		
매진되었나요?	156		
주연 배우가 누구예요?	156	**물건 사기**	
영어 자막이 있나요?	156	이걸로 주세요.	168
		포장해 주세요.	168
		신용카드로 지불해도 되나요?	168
스포츠 관람하기		여기 제 신용카드요.	168
어느 팀과 어느 팀의 경기인가요?	158	여기 있어요.	168
지금 표를 살 수 있나요?	158		
죄송합니다. 매진됐네요.	158	**물건값 흥정하기**	
입석이라도 있나요?	158	이거 얼마예요?	169
이 자리에 앉을 사람이 있나요?	158	너무 비싸네요.	169
점수가 어떻게 되나요?	159	할인 좀 해 줄 수 없나요?	169
동점이에요.	159	가격 때문에 아직 결정 못했어요.	169
막상막하의 경기예요.	159	좀 더 싸게 해 주면 살게요.	169
누가 이겼어요?	159	40달러면 어때요?	170
누가 이기고 있어요?	159	관광객에게 할인해 주나요?	170
		저희는 정찰 가격으로 팔거든요.	170
		이거 세금 환급 될까요?	170
9. 쇼핑하기		이거 면세되나요?	170
물건 살펴보기		**기념품 사기**	
무엇을 도와드릴까요?	164	기념품을 좀 사고 싶은데요.	171
그냥 둘러보는 중이에요.	164	친구들에게 줄 선물을 사고 싶은데요.	171
기념품을 찾고 있는데요.	164	선물하기에 뭐 특별한 거 없을까요?	171
저것 좀 볼 수 있나요?	164	이 지역의 특산품은 뭔가요?	171
이것 좀 보여 주세요.	164	포장해 주시겠어요?	171
이거 세일해요?	165		
다른 것을 보여 주세요.	165	**상점 찾기**	
이걸로 빨간색 있어요?	165	근처에 신발 가게가 있나요?	172
좀 더 싼 것으로 보여 주세요.	165	면세점이 어디에 있어요?	172
입어 봐도 되나요?	165	근처에 좋은 선물 가게 있나요?	172
신어 봐도 되나요?	165	어디를 가면 그걸 살 수 있을까요?	172

227

근처 어디에 슈퍼마켓이 있나요? 172

옷 사기
의류 매장이 어디에 있나요? 174
스커트를 찾고 있는데요. 174
치수가 어떻게 되세요? 174
중간 사이즈로 주세요. 174
탈의실이 어디죠? 174
잘 맞네요. 175
좀 크네요. 175
너무 크네요. 175
너무 꽉 껴요. 175
너무 헐렁해요. 175
좀 더 작은 걸로 보여 주세요. 176
다른 스타일은 없나요? 176
다른 색상은 없나요? 176
똑같은 걸로 검은색은 없나요? 176
어느 게 더 나아 보여요? 176

신발 사기
운동화를 찾고 있어요. 178
발 사이즈가 어떻게 되세요? 178
6.5입니다. 178
이걸 한번 신어 보세요. 178
앞이 조금 조여요. 178

화장품 사기
화장품 코너는 어디에 있나요? 180
립스틱을 찾고 있는데요. 180
샘플 발라 봐도 되나요? 180
저한테는 어울리지 않네요. 180
저는 민감성 피부예요. 180

슈퍼마켓에서
유제품은 어디에 있나요? 182
쇼핑 카트는 어디에 있나요? 182
왼쪽에 있어요. 182
이거 싱싱한가요? 182
다 팔렸나요? 182
쿠폰 있으세요? 183
네, 쿠폰이 있는데요. 183
이 계산대에서 계산해도 되나요? 183
종이봉투에 드릴까요, 비닐봉지에 드릴까요? 183
현금으로 하세요, 카드로 하세요? 183

면세점에서
여권 좀 보여 주시겠어요? 185
여기 있어요. 185
비행기 탑승권도 보여 주세요. 185
미화도 받나요? 185
술은 몇 병이나 살 수 있나요? 185

교환과 환불
이 바지 좀 바꿔 주시겠어요? 186
이거 반품하고 싶은데요. 186
돈으로 환불할 수 있을까요? 186
돈으로 환불해 드리지 않습니다. 186
치수를 바꿀 수 있을까요? 186
뭐가 잘못됐나요? 187
치수가 맞지 않아요. 187
너무 작아서요. 187
전혀 작동하지 않아요. 187
영수증 있으세요? 187

10. 친구 만들기

말문 떼기
만나서 반가워요.	192
누군가를 기다리고 계세요?	192
참 예쁜 곳이에요, 그렇죠?	192
날씨가 참 좋아요, 그렇죠?	192
어디에서 오셨어요?	192

칭찬하기
함께 있으니까 참 행복하네요.	193
아는 게 참 많으시네요.	193
맞는 말입니다.	193
사진이 아주 잘 받네요.	193
체격이 좋으시네요.	193
어쩜 그렇게 날씬하세요?	194
어디에서 그렇게 태우셨어요?	194
두 분이 참 잘 어울리세요.	194
그거 정말 좋은데요.	194
당신은 못하는 게 없군요.	194

자기소개하기
제 이름은 최수지입니다.	195
그냥 메이라고 불러 주세요.	195
별명이 메이예요.	195
한국에서 왔어요.	195
전 밴쿠버에는 이번이 처음이에요.	195

이메일, SNS 주고받기
계속 연락을 하고 싶어요.	196
이메일 주소 좀 가르쳐 주시겠어요?	196
저의 이메일 주소는 ~입니다.	196
그것을 적어 주시겠어요?	196
그럼요, 종이 주세요.	196
트위터 하세요?	197
페이스북 계정이 있으세요?	197
내가 당신을 초대해도 되나요?	197
팔로워가 몇 명이나 있으세요?	197
블로그에 놀러 와서 글 남겨 주세요.	197

11. 긴급 상황 발생

도움 청하기
사람 살려요!	202
불이야!	202
조심하세요!	202
도둑이야!	202
소매치기예요!	202
그 사람 좀 잡으세요!	202
비상사태입니다.	203
문제가 생겼어요.	203
한국어 할 줄 아는 사람 있으세요?	203
경찰서가 어디죠?	203
여기에 데려다주세요.	203

도난당하거나 분실했을 때
지갑을 도둑맞았어요.	205
길을 잃어버렸어요.	205
가방을 찾을 수가 없어요.	205
기차에 가방을 두고 내렸어요.	205
여기에서 지갑 못 보셨어요?	205

여권을 잃어버렸어요
여권을 잃어버렸어요.	206
한국대사관이 어디죠?	206
대사관 전화번호가 어떻게 되나요?	206
재발급해 주세요.	206

재발급받는 데 얼마나 걸리나요? 206

여행자 수표를 잃어버렸어요
여행자 수표를 잃어버렸어요. 207
발행 증명서가 있나요? 207
여행자 수표 번호를 아시나요? 207
네, 여기 있어요. 207
분실 신고서를 써 주세요. 207

신용카드, 항공권을 잃어버렸어요
신용카드를 정지시켜 주세요. 208
카드 번호는 ~입니다. 208
모든 카드 거래를 정지시켰습니다. 208
항공권을 잃어버렸어요. 208
항공권을 재발행해 주세요. 208

교통사고가 났을 때
911에 전화하세요. 209
경찰을 부르세요. 209
구급차를 불러 주세요. 209
의사를 빨리 데려와 주세요. 209
여기 의사가 계신가요? 209
교통사고가 났어요. 210
이 차가 뒤에서 내 차를 박았어요. 210
차에 치였어요. 210
지금 있는 곳이 어디인가요? 210
50번 도로입니다. 210

아플 때
여기가 아파요. 211
너무 아파서 움직일 수가 없어요. 211
피가 나요. 211
열이 좀 있어요. 211
설사를 해요. 211

병원에서 진찰받기
어디가 아프세요? 212
언제부터 그랬습니까? 212
어젯밤부터요. 212
보험 있습니까? 212
네, 여행자 보험에 들었어요. 212
혈액형이 어떻게 되세요? 213
제 혈액형은 A형이에요. 213
저는 알레르기가 있어요. 213
저는 당뇨가 있어요. 213
저는 임신 중이에요. 213

ENJOY your TRAVEL

인조이 시리즈가 당신의 여행과 함께합니다

세계여행

1. ENJOY 도쿄
2. ENJOY 오사카
3. ENJOY 베트남
4. ENJOY 미얀마
5. ENJOY 이탈리아
6. ENJOY 방콕
7. ENJOY 호주
8. ENJOY 싱가포르
9. ENJOY 유럽
10. ENJOY 규슈
11. ENJOY 파리
12. ENJOY 프라하
13. ENJOY 홋카이도
14. ENJOY 뉴욕
15. ENJOY 홍콩
16. ENJOY 두바이
17. ENJOY 타이완
18. ENJOY 발리
19. ENJOY 필리핀
20. ENJOY 런던
21. ENJOY 남미
22. ENJOY 하와이
23. ENJOY 상하이
24. ENJOY 터키
25. ENJOY 말레이시아
26. ENJOY 푸켓
27. ENJOY 스페인·포르투갈
28. ENJOY 오키나와
29. ENJOY 미국 서부
30. ENJOY 동유럽
31. ENJOY 괌
32. ENJOY 중국
33. ENJOY 인도
34. ENJOY 크로아티아
35. ENJOY 뉴질랜드
36. ENJOY 칭다오
37. ENJOY 스리랑카
38. ENJOY 러시아

국내여행

1. 이번엔! 강원도
2. 이번엔! 제주
3. 이번엔! 남해안
4. 이번엔! 서울
5. 이번엔! 경주
6. 이번엔! 부산
7. 이번엔! 울릉도·독도